历史的丰碑丛书

文
学
艺
术
家
卷

童话之王
安徒生

薛卫民　编著

吉林人民出版社

图书在版编目(CIP)数据

童话之王——安徒生 / 薛卫民编著 .-- 长春 : 吉
林人民出版社，2011.4（2021.8 重印）
（历史的丰碑丛书）
ISBN 978-7-206-07640-4

Ⅰ.①童… Ⅱ.①薛… Ⅲ.①安徒生，H.C.（1805 ~
1875）－生平事迹－青年读物②安徒生，
H.C.（1805 ~ 1875）－生平事迹－少年读物 Ⅳ.
① K835.345.6-49

中国版本图书馆 CIP 数据核字 (2011) 第 037457 号

童话之王 安徒生
TONGHUA ZHIWANG ANTUSHENG

编　　著 : 薛卫民
责任编辑 : 王一莉　　　　封面设计 : 孙浩瀚
制　　作 : 吉林人民出版社图文设计印务中心
吉林人民出版社出版 发行 (长春市人民大街7548号　邮政编码 : 130022)
印　刷 : 北京一鑫印务有限责任公司
开　本 : 787mm×1092mm　　1/16
印　张 : 8　　　　字　数 : 72千字
标准书号 : ISBN 978-7-206-07640-4
版　次 : 2011年4月第1版　　印　次 : 2021年8月第2次印刷
定　价 : 35.00 元

如发现印装质量问题，影响阅读，请与出版社联系调换。

编者的话

"欲知大道，必先为史"。

回溯人类的足迹，人们首先看到的总是那些在其各自背景和时点上标志着社会高度和进步里程的伟大人物。他们是历史的丰碑，是后世之鉴。

黑格尔说："无疑，一个时代的杰出个人是特性，一般说来，就反映了这个时代的总的精神。"普希金说："跟随伟大人物的思想是一门引人入胜的科学。"

以史为鉴，面向未来。作为21世纪的继往开来者，我们觉得，在知史基础上具有宽广的知识结构、开阔的胸襟和敏锐的洞察力应是首要的素质要求，而在历史的大背景中追寻丰碑人物的思想、风范和足迹，应是知史的捷径。

考虑到现代人时间的宝贵，我们期盼以尽量精短的篇幅容纳尽量丰富的信息，展现尽量宏大的历史画卷和历史规律。为此，我们编撰了这套丛书。

编撰丛书的过程，也是纵览历代风云、伴随伟人心路、吸收历史营养的过程。沉心于书页，我们随处感受着各历史时期伟大人物所体现的推动历史进步的人类征服力量。我们随着伟人命运及事业的坎坷与辉煌而悲喜，为他们思想的深邃精湛、行为的大气脱俗而会意感慨、拍案叫绝。

然而，在思想开始远游和精神获得享受的同时，我们也随之感受到历史脚步的沉重和历史过程的曲折。社会每前进一步都是艰难的，都伴随着巨大的痛苦和付出。历史的伟大在于它最终走向进步，最终在血污中诞生了鲜活的"婴孩"。

历史有继承性和局限性，不能凭空创造。伟人也有血肉，他们的思想、行为因此注定了同样具有历史的局限性和阶级的、时代的烙印；他们的功业建立于千千万万广大人民群众伟大创造的基础上。历史是人民群众创造的，伟大的人物们是历史和时代造就的。同时，我们也无法否定此间他们个人的努力。这也正是我们编撰这套丛书的目的。

我们期盼着这套丛书得到社会的认同，对读者，特别是青少年读者之历史感、成就感和使命感的培养有所裨益。史海浩瀚，群星璀璨。我们以对广大青少年读者负责的精神，精心遴选，以助力青少年成长进步，集结出版了《历史的丰碑》系列丛书，敬请读者批评、指正。

丹麦王国位于北欧波罗的海和北海之间，面积只有43 080平方公里，在世界地图上仅占据着一个极小的位置。然而，这个地理上的小国，却能让人类文化的史册给予它赫然的一页，因为它哺育了一个伟大的儿子，一位文学巨人，童话之王——汉斯·克里斯蒂安·安徒生。几乎全世界有多少种文字，就有多少种安徒生童话的译本；有多少种广泛使用的语言，就有多少种讲述安徒生童话的声音。丹麦毫不矜持地向全世界展示它的骄傲——在首都哥本哈根的皇家公园，在西兰岛东岸的海峡岸边，纪念碑上的安徒生，巨石上的美人鱼铜像，凝望着浩瀚的大海，注目着人类的明天……

目　录

鹳鸟说埃及话　　　◎ 001

"我不想死!"　　　◎ 018

梦想与白蔷薇　　　◎ 030

到哥本哈根去　　　◎ 044

拨响的竖琴　　　◎ 057

皇家公费生　　　◎ 073

在路上　　　◎ 085

与世界握手　　　◎ 099

历史的丰碑丛书

鹳鸟说埃及话

> 物质上的贫困使人窘迫，精神上的贫
> 困使人丑陋。为此，世界上有了富有却丑
> 陋的人，贫穷却美好的人。
>
> ——作者题记

任何一个人，都是被动地来到这个世界上的。婴儿不曾得到过这样的征询：你想出世吗？婴儿也无法选择出生地，无法选择出生在哪个家庭，无法选择哪一对男女做自己的父亲母亲。

1805年4月2日，在丹麦菲英岛上的欧登塞小城贫民区里，又一个没有选择权力的婴儿出世了。这个男婴没有任何奇异之处，他最先发出的也是"哇哇"的哭声，只不过他似乎哭得更有理由：这个家太穷了，连张像样的床都没有，他只能落生在一个曾经是搁棺材用的木架上。那个叫汉斯·安徒生的穷鞋匠是他的父亲，那个叫安娜·玛丽亚的洗衣妇是他的母亲。

欧登塞小城环抱着许多这样的贫苦人家，它无能为力。它默默地听着人们的叹息，承受着人们的

← 安徒生

抱怨。

　　寺院磨坊大街从城边伸向城外，傍着那条不知流淌了多少年的小河。那个给大街以名字的水磨坊，同贫民区里的其他建筑一样，毫不起眼但一直顽强地矗立着。水车整天旋转不止，轮子带起哗哗作响的水声。离水磨坊不远处的一幢小房子，住着6户人家，汉斯·安徒生一家拥有着其中的一间。但这也不是他们自己的财产，他们必需按时交足了房租，才能得以居住。一间房子，是卧室，是餐厅，是修鞋的工作间，也是小安徒生玩耍的场所。穷人总是充分利用着每一点儿物质条件，绝不暴殄天物。

　　听着父亲叮叮当当的修鞋声，间或哼起的小曲声，屋外水磨坊哗哗的水流声，小安徒生一天天长大了。当某个前来修鞋的主顾摸着他的头，问他多大了的时候，他已能用脆亮的童音，怯生生但十分清楚地回答人家了：我6岁。如果是张熟悉的面孔，他有时还会问上一句："你会讲故事吗？不会？我爸爸会!"

　　儿子6岁了，鞋匠心想，自己6岁的时候也是这个样子吗？记不清了。但有一件事他没忘：他曾异想天开地向母亲提出要上学！一贫如洗的家当然满足不了他的要求。小孩子的要求得不到满足是什么滋味，他至今也能回想得起来。他的生意不好，这使他有许多闲暇陪儿子，或在一旁悄悄地观察他，看他用木块搭形状千奇百怪的城堡。"来，听我讲个故事给你听。"每当这时，小安徒生就会放下自己的游戏，眼睛亮亮地走向父亲。他的"城堡"里已经装进许多故事了。有时，父亲也会要求他讲个故事，他就会从自己的"城堡"中拿出一个来，只是大都变了个样子。他喜欢让它们变个样子再出来。鞋匠汉斯时常会被儿子的篡

安徒生的故乡——欧登塞

改给逗乐了。

　　欧登塞小城听不到鞋匠汉斯的叹息和抱怨。这个还不到三十岁的年轻汉子，已经历了太多的不如意。叹息、抱怨有什么用处吗？没有。汉斯喜欢做许多在常人看来没用处、也不符合一个鞋匠身份的事，但叹息、抱怨这种没用的事他不做。在这个鞋匠的心中，有许多别人看不见的明媚，体验不到的快乐。在工作台的上方，他挂了个书架，上边摆着《一千零一夜》，摆着丹麦当时最著名的作家路德维格·荷尔堡的剧本，还有卷了边儿的歌谱，几本不成套的爱情小说。小说是妻子安娜·玛丽亚爱看的，他很热心地替妻子收罗那些零零散散的书本。能使妻子成为自己嗜书的"同党"，他会得到更多一些的绿灯。"有些人吃饱穿暖就行了，他们好像没有心灵上的要求。你不觉得那很可怕吗?"每当汉斯说起这样的话，爱唠叨的安娜·玛丽亚就不吱声了。她从切身的体验中，感到丈夫说的有道理。不过，她可没有那么多的时间去读书，她几乎整天泡在河水里给人家洗衣服赚钱。她心灵上的要求

← 安徒生

→安徒生的父亲是个皮鞋匠，故居里还保留着从前的工具。

更多地仰仗上帝，在许多时候，她从默默的祷告中得到慰藉。是啊，心灵上的要求，精神上的愉悦和欢乐，一切都是那样美好。在许多个夜晚，丈夫捧着一本书，选择精彩有趣的章节为家人朗读，包括公公婆婆在内，大家或是凝神倾听，或是开心大笑……所有的忧愁和烦恼都烟消云散了，仿佛上帝为他们清苦的生活投下了温馨的光辉。

许多年后，安徒生经常回想起他那个贫苦却爱书的家庭，回想那种气氛对于他成长的意义。而那时的他还太小，他只知道，食物是好的，吃了肚子就不咕咕叫了；故事是好的，听起来有趣儿、快活，闭上眼睛就能看见一个更广阔、奇异的天地。他希望食物和故事都能有好多好多，吃不尽，听不完。

可惜，好多好多的只是故事，总也不是食物。幼小的安徒生心想：还是故事更爱人们，它就像妈妈说的上帝的使者，你需要的时候它就来了。他把这个想法，对隔壁的小姑娘丽丝别达说了。丽丝别达是他最好的小伙伴，对他想出来的各种游戏，她总是积极配合。尽管她的家境很好，比小安徒生的家富裕，可她

安徒生故居

从来不像有些孩子那样嘲笑鞋匠的儿子。但这次却很使小安徒生意外，丽丝别达居然不同意他说的，"怎么会呢？故事怎么会你需要就来呢?它从哪儿来呀?"

"从爸爸那儿来呀！我奶奶那儿也有故事，就是比爸爸的少，也没爸爸的好。"

"我爸爸不会讲故事，我奶奶也不会讲。"丽丝别达低着头，小声地说。她为自己的爸爸、奶奶不会讲故事而失望。

小孩子一旦发现和自己有关的什么比不过人家，都失望。小安徒生就有过许多失望的时候。因此他很同情丽丝别达，"没关系，他们会有故事的。我爸爸那儿有书，爸爸说他的好多故事都是从书里看的。我可以让爸爸把书借给他们看。"

这个由小孩子想出来的办法，无疑是可行的。但小安徒生还不能明白，读书是一种渴望，简单地说，是一种充实自己内心世界、丰富自己人生色彩的渴望。只有那些怀着这种渴望的人，才会去读书，并且像饥饿时寻找食物那样，自己去寻找书，而不是让书去寻找他。

19世纪的丹麦还是一个典型的农业国，工业文明的副产品——污染还没有在菲英岛上登陆。欧登塞小城呼吸着清新的空气，就连水磨坊旁边的那条小河，

安徒生

也能滋润出两岸青青的芳草和一茬又一茬的野花。小安徒生发现了这片天地，又给自己找到了新的乐趣。爸爸不管生意怎样，总得守在修鞋的工作台前，恭候着可能到来的主顾；妈妈为了赚点儿钱补贴家用，整天都在河里洗衣服；奶奶也去了济贫院，负责照看一个小花园；爷爷还在爸爸小的时候就得了精神病，如今总是木讷讷的。小安徒生不想老是待在一个房间的家里，可又没处去。这下好了，水磨坊，小河边，成了他经常流连的地方。河滩上有光溜溜的卵石，可以捡着玩儿，他把大的叫"鹳鸟蛋"，小的叫"夜莺蛋"。草地上有五颜六色的小花，时而可见小蚂蚁爬上去，蝴蝶和蜜蜂也往上落，可总是不等他上前细看，它们就急匆匆地飞了。比起奶奶在济贫院里照看的那个小花园来，小安徒生觉得还是这里好。

他也常随奶奶到济贫院去，那儿有吃的，虽然也是粗茶淡饭，但比小安徒生家里的饭菜丰盛多了。可最吸引他的，是那里的老约翰妮大娘，她和她的老姐妹们都很喜欢小安徒生。小安徒生一去就可以在她们那里呆上好长时间。她们会讲许多优美的、连爸爸也没讲过的民间传说，神话故事，还会唱许多连爸爸也不会唱的古老的歌曲。在老约翰妮大娘等人的讲述中，久远的年月在小安徒生的眼前重现，神奇的故事仿佛就发生在刚刚过去的昨天，打火匣、美人鱼、绿仙女、沼泽和枞树、勇士与魔鬼……一切都被召唤出来。至于那些古老的歌曲，更有一种特殊的魔力，小安徒生听着，想着，一会儿激动不已，一会儿又黯然神伤。老约翰妮大娘她们喜欢这个聪慧、敏感的孩子，他愿

← 欧登塞街头，以单腿士兵为主题的雕像。

意听，她们就讲，就唱。小安徒生从心里感谢她们，很想有所回报。可他一无所有。不，小安徒生有自编的故事，有记住的诗歌和剧本里人物的台词，于是，小安徒生就为大娘们讲，朗诵，有时也唱上一支什么歌曲。对于这些已上了年纪的女人们来说，这是一个孩子多么好的回报啊！他给她们带来了少有的乐趣，生活中别样的色彩。除了这个孩子，谁会听她们的故事呢，谁能欣赏她们那不入时的歌曲呢。

安娜·玛丽亚健康、刚强，劳累一天回到家中，仍不知疲倦地忙这忙那。大改小，旧翻新，她总能为儿子做出得体的衣服，让他穿得整洁、干净。她不愿让儿子像个小叫花子似的，那样，儿子出门就会被嘲笑，受奚落。贫穷和劳苦无法消泯她的爱美之心，她总把地板擦得干干净净；给窗子挂上浆洗过的窗帘儿；她将几只色彩鲜艳、绘有图案的瓷盘子，挂在柜子的上方，与丈夫汉斯的那个小书架相映成趣。小安徒生很欣赏妈妈布置的这一切。玛丽亚也能从儿子的眼神中，看出那种喜悦来。一次，小安徒生对妈妈说："妈妈，咱们要是也有一个小小的花园，那该多好呀！"

"儿子，咱们也有花园呀。你没看见窗外盛土的箱子吗？那就是咱们的花园。"玛丽亚本想安慰一下儿

在欧登塞，随处可见以安徒生故事为主题的雕塑。

子，可她马上又后悔了，因为窗外盛土的箱子里，生长着的是香芹和葱，把它们说成"花"，无论如何都太勉强了。于是，她紧接着又说："等过几天，香芹和葱成了咱们的菜肴后，妈妈就会在那里种上花儿，你喜

欢哪种就种哪种。"这不是玛丽亚随便说说的，这是她做出的决定。果然，几天之后她便拔掉了香芹和葱，在盛土的木箱中栽上了高高矮矮的花苗。应该如此，生活中不能仅仅保留那些赤裸裸有用的东西。这一点在鞋匠汉斯家中没有异议。

汉斯做出的反应比妻子更迅速。在母子俩讨论过花园的第二天，他就放下了修鞋的工具，把儿子带到了林子里。

小安徒生还是第一次走进林子。

噢，这么多的花！这么多他从未见过的花，水磨坊小河边没长过的花！火红的赤槿花，嫩黄的金针花，蓝蓝的喇叭伞，洁白的野茉莉，还有白头翁、九轮草、紫穗蒿……小安徒生有些眼花缭乱了，爸爸说出的那些花草的名字，他没记住几个。他对爸爸说，他不想要妈妈的那个花园了。

正是鹳鸟飞回来度夏的时节，它们像燕子一样春秋往复地来去，也像燕子一样，一回来就把去年留下的窝巢重新收拾好，修饰得更漂亮。小安徒生很喜欢这种尖嘴长长的大鸟，它的白羽就像冬天的雪，黑尾泛着绿色的光泽。怪不得，他在河滩上拾到最大最漂亮的卵石，就叫它们"鹳鸟蛋"。关于鹳鸟，小安徒生向爸爸提出了一连串的问题；因为喜欢读书而被好些人说成不务正业的鞋匠汉斯，自认为知道不少花鸟虫鱼的知识，可还是有些招架不住。鹳鸟为什么不总是待在一个地方？因为它们要躲避严寒和酷暑，还因为它们喜欢旅行。鹳鸟飞得远吗？远极了，它们飞翔几千里，穿越好多国家。鹳鸟到哪儿去过冬？到炎热的非洲。非洲的什么地方？埃及，就是有金字塔的那个国家。那么，鹳鸟说什么话？

这可把汉斯难住了。有字的书里没有这样的问题，当然也没有相应的答案。与之相关的一切，只能在神奇的想象里。

小安徒生仰头看着父亲，汉斯不能再拖延了，他必须回答。

"我想……哦，既然它们在有金字塔的埃及过冬，冬天的时间又那样长，那么，它们大概就学会了埃及话。你说呢？"

"对！爸爸，我也正是这么想的。金字塔一定教会了鹳鸟讲埃及话！"小安徒生高兴得跳了起来，因为他的想法和爸爸的一样。

相关链接

XIANGGUAN LIANJIE

丹麦王国

丹麦王国是斯堪的纳维亚组成国家之一，位于欧洲北部日德兰半岛上及附近岛屿。南部就是德国，北部濒临大西洋北海和波罗的海。瑞典和挪威分别位于丹麦以北及西北方向，与丹麦隔海相望。

欧登塞

欧登塞是丹麦最古老的城市之一，是丹麦第三大城市，也是丹麦第二大岛菲英岛的首府。距离哥本哈根西96公里。

丹麦王国

"我不想死！"

死神有时也会同人商量："你想死吗？"
拖走想死的人，很容易；拖走不想死的人，很费劲儿。

费力的事死神也不愿意干。

——作者题记

许多做父母的人，都想把自己儿时未能实现的梦想，移植到孩子身上。鞋匠汉斯·安徒生也是这样，只不过他希望儿子做的，是任何正常的儿童都能做得到的，一点儿没有强人所难的成分，那就是上学读书，接受教育。对于鞋匠的家庭条件来说，这并不是那么轻而易举的事。它意味着本已捉襟见肘的经济状况，将会因这笔新增加的开支更拮据，更严峻。这些鞋匠和妻子都清楚，都想过了，可他们还是意见一致地做出了让儿子去读书、受教育的决定。

小安徒生进的是一家私立女子小学。安娜·玛丽亚觉得，让脆弱、胆小的儿子和女孩子们一起上学，他就不会挨欺负了。可她忽略了那个女教师，那个总

是手执藤条的老太婆。小安徒生一见那个老太婆教师就十分恐惧，一下子把童话故事中所有的恶婆都想起来了。尽管玛丽亚求过那个老女人，让她别打小安徒生，可藤条还是落到了小安徒生身上。那天，小安徒生看见老女人伏在讲桌上睡了，还发出阵阵鼾声，于是他也便放心地趴在了桌子上。藤条是在他毫无防备时打下来的，又惊又疼使小安徒生猛地跳了起来，惹起女孩子们的一阵窃笑。他强忍着没哭，也没求饶，而是抓起识字课本和石板，走出了教室。老女人没想到这个看上去十分胆小的小男孩，会如此执拗和倔强。

汉斯和玛丽亚谁也没有责备自己的儿子。汉斯觉得，摊上这样一个没有爱心甚至凶狠的教师，学校再好也没有意义。小安徒生在妈妈面前才大哭起来，玛丽亚一边安慰他，一边答应他再不上那所学校了。

卡尔斯倩斯办的学校里，又来了一名新生。这个小新生怀着对教师不愉快的记忆，恐惧而戒备地注视着他的新教师。然而他很幸运，他遇上的这个教师，是一个和蔼快乐的小伙子。

课间休息的时候，卡尔斯倩斯常拉着小安徒生的手在校园中散步，饶有兴致地听小安徒生讲水磨坊，讲会说埃及话的鹳鸟等等。他喜欢这个极富想象力的孩子。"哎，淘气鬼们注意点儿，别把这个小同学撞倒了！"孩子们很听这个老师的话，绕过小安徒生跑开了。大家都说老师是个公道正直的人，所以很尊敬他。

学校的生活很愉快，小安徒生的成绩也很好。可书写一项得除外，他的字写得很糟糕，连卡尔斯倩斯老师都时常摇头叹气。小安徒生就努力在其他方面表现自己：他能讲童话故事，知道许多小朋友不知道的事，尤其喜欢背诵诗歌，诗歌在他的朗诵声中，散射出迷人的魅力。他想让卡尔斯倩斯老师高兴，这一目的他达到了，老师的脸上经常露出赞许而惊异的神情，

← 安徒生

他还想让萨拉喜欢自己。萨拉是个算术极好、常受表扬的黑眼睛女孩。可是，萨拉并不欣赏他，还说诗歌是毫无用处的东西。她父亲就是这么说的，"诗是没用处的东西！"

"怎么会没用呢？诗歌多美呀！"小安徒生小心地，用柔和的语调反驳萨拉。他太失望了，他以为像萨拉这么好看的女孩，一定会喜欢诗歌的。在他心目中，只有妖怪、念咒语的巫婆、骑彗星尾巴的小鬼才讥笑诗歌。而人，怎么能不喜欢诗歌呢？

安徒生在他以后的人生岁月里，遇到了更多蔑视诗歌的人。他为那些终生与美无缘的人而悲哀。他觉得那些人与盆子一类的实用器物，在本质上没有大的区别。1857年，他在他的童话《小鬼与小商人》中写道："……小鬼在黑夜里，拿下小商人太太的舌头，放在盆子里。'有人说你不懂得诗是什么东西，这话是真的吗？''我当然懂得'，盆子说，'诗是一种印在报纸上补白的东西，可以随便剪掉不要。'……"这便是盆子对诗的理解。

卡尔斯倩斯没有学会奸商式的狮子开大口，他不忍心向那些贫困的学生收取更多的学费，而对富裕的学生，他也不能使用两种收费标准。他的学校渐渐入不敷出，只好停办了。他又去邮局谋了个新差事。

小安徒生愉快的读书梦，就这样快地结束了。

人首先得能够活下去，然后才能谈及别的。汉斯夫妇不得不面对这一现实，他们再无力把儿子送往别的学校读书了。房东在催房租，面包店老板在催他们赊购的欠账。汉斯因为没有生意，经常长时间地在屋子里踱来踱去。小安徒生看到这些，他只能把失学的伤心之情，默默地掩饰起来。

汉斯知道儿子在想什么，心情如何。一天，他突然放下修鞋的锤子，刨起大大小小的木头来。为了使失学的儿子得到愉悦，也为了使自己忘掉生活的艰难带来的烦恼，他要和儿子一起，做一场有趣儿的游戏。

"爸爸，您在做木偶？"小安徒生惊喜地发现，父亲刨的那些木头，变成了一个个栩栩如生的小木人儿。

"一点儿不错。小伙子，你去向妈妈和奶奶要些碎布，给它们缝几件衣服！"鞋匠汉斯的脸上，完全是那种孩子式的顽皮和兴奋。

妈妈稍加指点，小安徒生便像个成手一样，熟练地用针线缝缀起来。玛丽亚在一旁暗暗地想：这孩子干活也同样聪明，说不定日后他会成为一个好裁缝呢。

木偶都穿起了漂亮的衣服，演员有了，舞台、幕布也有了，当然更不会少了王冠、宝剑一类的道具。汉斯从他的小书架上，取下荷尔堡的剧本，和儿子在他们的剧场里，非常像样地演起来！父子俩替木偶扮演的角色说话，小安徒生很快就把属于自己的剧本台词背得滚瓜烂熟，有声有色。到后来，整幕整幕的文字都印在了他的脑子里。啊，多开心啊，多幸福啊！灰暗的日子一下充满了阳光，生活中的苦涩都变成了蜜糖。时间再不难熬，日子过得飞快……

欧登塞小城里那个真正的剧院，强烈地吸引着小安徒生。他和分发节目单的彼得·容凯尔成了好朋友，彼得常把印有剧名、演员名、剧情介绍的节目单送一张给他。"《著名侠盗阿别林诺》，五幕剧"，小安徒生情不自禁地念出声来。朋友彼得友情有余，力量不足，他的"以权谋私"，只能到抽出一张节目单送给朋友为止了。小安徒生无论怎么想，剧院的门他是进不去的。

　　舞台上的剧他看不成，生活中的剧却慷慨地让他看——战争再次爆发了，又开始大规模征兵、征粮、征捐了。老百姓的生活雪上加霜。与吃饭相比，鞋子破不破、有没有都显得不重要了。汉斯再无生意可做，一家人已到了无以为继的程度。

　　汉斯代替城里一个富家子弟应征入伍了。

　　他这个替身的价码是30万元。为了儿子，为了家人，为了肩负起父亲和丈夫的责任，鞋匠汉斯把自己典当给了战争。他知道，也许命运会把他再赎回来，也许这一去就永不复返了。

　　小安徒生看到，一向刚强的妈妈垮了。父亲在用各种方式安慰妈妈，说他不会死的，说他或许还会立功呢，成为军官，"拿破仑也曾是个小小的少尉，而现在他是威名赫赫的法兰西皇帝，连丹麦国王都受他的指派。"——这样的话别说安慰不了玛丽亚，就连小安徒生也觉得不像那么回事。

欧登塞小城鼓声隆隆，涕泪涟涟的女人们在为新兵送行。丹麦国王陛下的步兵团向霍尔斯坦开拔。在第三营的队列里，汉斯正在用他那双蓝眼睛扫视人群，突然，他打起了精神，脸上强作出欢颜——他看见了来送别的母亲和妻子。他用轻松的神态，向她们点头致意，而把汹涌的悲戚和酸楚咽到肚子里。此时，他强烈地想念儿子。他离家的时候，小家伙正病着，病得很厉害……

疾病和瘟疫最愿意光顾贫民区，而且一到贫民区，

步子也格外迅捷。寺院磨坊大街，每天都有孩子被它们带走。

小安徒生正在以弱小的生命同死亡搏斗。高烧使他嘴唇干裂，神志不清……爸爸穿着一身不顺眼的军服来了，俯下身子亲他，泪水滴在他的脸上……黑衫死神来了，狞笑着拽他走，"我不去！我不去！"爸爸当兵了，爸爸用枪赶走了死神……巫婆在念咒语，念得地上现出一个黑洞，阴风使劲儿地往里吸他，"不！不！"别怕，我来了——是卡尔斯倩斯老师，老师紧紧地拉住了他的手……

亦真亦幻的一阵过去了，小安徒生平静下来。他又想起了爸爸那天早晨和他道别的情景，爸爸说：小伙子，沉住气，你会挺过来的。爸爸，我能挺过来，我答应您，我答应您的事一定办到。我要等您回来，再给我做一个会讲埃及话的鹳鸟木偶，我自己编了一幕鹳鸟在金字塔的剧，它有了一大群鹳鸟孩子，它用埃及话教小鹳鸟们念诗。

噢，这是妈妈的手，他感觉出来了。妈妈在抚摩他。妈妈的手很凉，放在额头上很舒服。无论日子过得怎样艰难，哪怕家里就剩下最后几个土豆了，妈妈也总是说："别担心，孩子，一切都会好起来的。"妈妈总是对的，他们谁也没有饿死，而且他还能穿着干

干净净的衣服上学，和爸爸用木偶当演员演戏。

噢，这是花草和树叶儿的气息，他嗅出来了。那个被赶出王国的王子，到森林里来了，森林收留了他。王子采浆果，放牧自己的羊群，在月光下伴着夜莺唱歌，比在宫廷里过得还愉快。他和百姓们成了朋友，他有了一支强大的军队，他最后打败了敌人，娶了世界上最美丽的公主……

这是奶奶的声音。奶奶总是一会儿祈求上帝的保佑，一会儿又"嘟嘟哝哝"地抱怨、诉苦。"可怜的孩子，他完了。看他遭的这份罪，还不如马上死了好，死了就解脱了……"

"不！不！我不想死！"

"妈妈，我不想死！"

"孩子，妈妈在这儿，妈妈在这儿守着你。你不会死的，你会好起来的。"玛丽亚眼中噙满泪水，按下小安徒生挥舞的双臂。

收取人的性命，是死神必须履行的职责。但死神并不总那么独断专横，它有时会同人商量：你想死吗？想死的人拖起来才省力，不想死的人拖起来很费劲儿。太费力的事死神也不爱做，它也需要人的配合。当两种相反的自然因素势均力敌时，人如同站在临界点上，最终倒向哪一边，往往取决于一个人意志和信念的软弱或坚强，屈从或抗争。

事情就这样不可思议又顺理成章，小安徒生不想死，他就没死，他就战胜死亡挺过来了。

当安娜·玛丽亚证实已经在床上坐起来的儿子的确好了，毫无疑义地不会死了，泪水汹涌而出，双手捂脸失声地哭起来。这时，她才分出心来，想她那已开赴前线的丈夫……

战争在继续，经济在崩溃，钞票的贬值已到了惊人的程度。汉斯以生命作抵押换得的钱，正在一天天地失去钱的意义，就和等值的纸片子差不多了。为了进一步节缩开支，应付将会更加困难的日子，玛丽亚把房子让给了别的房客，搬到顶楼上住了。在这样的日子里，玛丽亚仍然表现得和以往一样坚强、乐观，她知道儿子在看着她。"别担心，孩子。我们会好起来的，爸爸一定会回来的。"小安徒生经常可以听到妈妈这样说。

丹麦卷入了战争。父亲去了战场。自己得了一场大病。这一切，使小安徒生一下子长大了许多。

他总是把自己照顾得很好，不让妈妈替他操心。在冷飕飕的顶楼上，他读着有限的几本书，用父亲的旧衣服，同时也用热烈的幻想，温暖着自己。他把属于自己的那份面包，尽可能地匀开来吃，并留下一些

小渣，放在小耗子出没的角落里。那只小耗子战战兢兢的很可怜。他不愿看到生命受苦，遭罪。

圣诞节到了。家里没有做圣诞树的松枝，没有烤苹果，没有甜饼，更没有香喷喷的烤鹅。晚上，小安徒生独自走上欧登塞小城的街头，踩着"吱吱"作响的积雪，吹着哈气暖着冻僵的手，目光透过有钱人家烛光摇曳的窗子。他看见了他家里应该有却没有的一切：圣诞树、甜饼、烤鹅……烤鹅的背上插着叉子，从大盘子里蹒跚地走向窗外，走上大街……他不会想到，这情景会在有一天，更逼真、更凄婉同时也更丰富地进入他写的童话，成为人类记忆的一部分，成为善良的人们无法视而不见的《卖火柴的小女孩》。

丹麦斐德烈王子在和约上签了字。那些还没来得及当炮灰送死的士兵，幸运地听到了"立定——向后转！"的口令。

妈妈是对的，父亲回来了。

梦想与白蔷薇

在卑庸艰辛的生活中仍能够追求美好、心怀梦想的人们，使人类无法忘怀。

为那样的人们献上的鲜花，给世界增添了一缕芬芳。

——作者题记

身穿一身军服的汉斯·安徒生，骨瘦如柴地回来了。他像离开时一样，在把轻松和微笑挂到脸上之后，才让父母妻儿见到他。他一点儿也不意外地没有扛回军官的肩牌，也不算意外地带回了已被严重损坏了健康的身体。

在惊叹、拥抱、妻子的眼泪、邻居的问长问短……一个个程序过去后，汉斯可以走向他最关注的核心——他的儿子了。亲抚，交谈，审视，汉斯感到了一种从未有过的酸楚。他能为儿子做的太少了。而且，他已预感到，他没有更多的补偿机会了。如果说还有可以为之欣慰的，那就是儿子的确长大了，已不是昨天的那个小家伙、小安徒生了。

　　汉斯又重操旧业，拿起了修鞋的锤子。他频繁地感到不正常的疲乏，手也没来由地颤抖。安徒生发现，不知为什么，父亲的目光经常停留在他的身上；而当他回视父亲的时候，父亲便笑一笑，低下头又去摆弄什么了。

　　一天，安徒生同老约翰妮大娘讲起了父亲。老约翰妮大娘若有所思地看了一会儿他，然后便用讲故事的口吻说："……风风雨雨翻山越岭，有人便在太远的路上，把自己的元气耗尽了。"

　　这寓言式的、在空中飘荡的声音，一直留存在安徒生的记忆里。1832年，他把这声音中闪现的情景，写进了童话《老约翰妮讲的故事》里。

1816年3月，鞋匠汉斯·安徒生离开了人世。泪流满面的儿子，眼看着父亲躺进了黄色稻草板做成的棺材里。家里买不起木头棺材。

汉斯·安徒生在他短暂的一生中，物质上从未富有过，精神上却从未贫困过；他身为鞋匠却喜欢读书，喜欢一个穷人似乎没有权力喜欢的所有美好的事物；他把内心世界中的多彩多姿，带入了他贫穷清苦的生活。他不知道，他给予儿子的是多么好的影响，他把追求、梦想的种子，悄无声息地插入了一个未来的文学大师幼小的心灵中。

在安徒生的印象里，奶奶平素似乎对爸爸并不欣赏，和许多人一样，认为爸爸是个不守本分的鞋匠。可是这会儿，奶奶却做了一件令他永远不忘的事：她在自己儿子的墓前，栽下了一株玫瑰花。奶奶说："可怜的汉斯喜欢花，就让他高兴高兴吧。"

欧登塞小城在郊外的穷人墓地上，为死去的汉斯腾出了一个小小的容身之处。此外，它不能再做别的了，一切都只能交给安娜·玛丽亚。

日子过得更加艰难，这是意料之中的事。玛丽亚从擦干了眼泪的那会儿起，就做好了承受的准备。她没有手足无措，更没有垮下来。在左邻右舍的眼中，汉斯一家似乎还和往常一样。她不想让儿子因为父亲

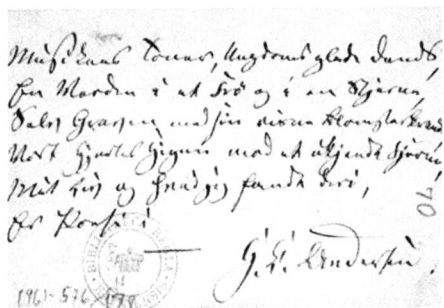

的死去，感觉到太多的失落；"孩子，照你爸爸说的做吧。他希望你读书，希望你日后成为一个有前途的人。上帝在看着穷人，也许日后他会把好运带给你的。"

安徒生不知怎样安慰妈妈才好。他很想让妈妈相信，他会努力的，他能成功。可他不愿再像从前那样，对妈妈做空洞的承诺了。他曾对妈妈说：他长大了，要成为公爵式的人物，体面而富有，把妈妈接进他漂漂亮亮的城堡里……妈妈不但当时很高兴，过后还不无自豪地对别人谈起，说她的儿子将来会成为公爵，拥有一座美丽的城堡。可是，就是这个虚幻的公爵，这座虚幻的城堡，一些人也看着嫉妒，来气，"看啊！那就是公爵的母亲，露着手臂和小腿在河里给别人洗衣服！"

安徒生为了躲开那些时常飞出尖酸话语的富家窗

户，避开那些自己很穷却对穷人更刻毒的人，很少到街上去。他要么去河边，陪着妈妈洗衣服，给妈妈讲一些开心有趣儿的故事；要么一个人寻一个安静的角落，读每一本能够得到的书。有时太孤独寂寞了，他就去找老约翰妮大娘听故事，然后带着许多世界上奇异的事情回家。世界那么广阔，可小顶楼就能装得下。

老约翰妮大娘干着一份零活：为布凯弗洛牧师家收拾房间。布凯弗洛是一位牧师又是一个诗人，已经去世了。现在的主人是两个寡居的老太太，一个是牧师的太太，一个是牧师的妹妹。她们温和文静，守着牧师留下的大房子，还有多得令人吃惊的书。老约翰妮知道安徒生喜欢什么，于是便有意识地带安徒生去见自己的女主人。诚恳实在、求知欲极强的安徒生，很快博得了两位老太太的好感。她们接受了这个喜欢书的穷孩子，把大量的藏书向他敞开。

老约翰妮不知道，她把一个多么重要的机会引入了安徒生的生活，她做了一件多么功德无量的事——安徒生接触到、并很快迷上了莎士比亚的作品！那些闪烁着不朽光辉的文学经典，为安徒生开启了一扇辉煌的艺术之门，使安徒生看到了从未有过的深邃和辽远……

对于那些庸俗的人来说，莎士比亚还不如一个蝇

营狗苟的小官，一个脑满肠肥的阔佬。因为巴结小官、谄媚阔佬可能得到的实惠，莎士比亚那里是绝对没有的。除了搜寻伸手可及的好处，他们看不见任何更为美好的事物。他们甚至永远都无法意识到，他们在"万物的灵长，宇宙的精华"之外。莎士比亚在如此赞美人类的时候，幽幽的目光便已然省略了他们。

也许是缘于天性，也许是缘于自幼渐次形成的教养，安徒生一走近莎士比亚，就被深深地吸引住了。在他的眼中，那些文学经典作品比金子更宝贵。他稚气十足地在那博大精深的艺术天地中探寻、前行，沉溺在无以言说的庄严和欢乐之中。《李尔王》《麦克白》《哈姆雷特》……安徒生一部接一部地阅读，大段大段地背诵，房子仿佛成了一只激情海洋上的小船，把母亲玛丽亚都摇得晕眩了。

接踵而来的是强烈的创作欲望。那欲望常使安徒生不由自主地颤栗。他开始自己写剧本。无论是谁，只要不嘲笑他，想听，他一概认真严肃地朗诵给人家听。虽然这是十分幼稚的孩子之作，布凯弗洛家的两位老太太，依然给予真诚的赞赏，因为她们尊敬诗人和作家。最兴奋的是老约翰妮大娘，她甚至说："世界上最好的戏剧也只能好到这样了！"

鞋匠汉斯在他"不务正业"的一生中，还从未走得像儿子这么远，就遭到了那么多的冷嘲热讽。而现在，安徒生居然宣布，他要成为一个欧登塞还从未出过的诗人、作家！对那些自己一贯趴在地上，同时也不希望别人站起来的人们来说，这简直是不能容忍的事！

　　"生在一个穷鬼家，也想成为一个体面的人！谁

看见丑鸭子也能飞到天上去？"

"这个小小年纪的安徒生，就和那个不务正业的鞋匠一个样了！真是有其父必有其子。"

玛丽亚整天泡在河水中，她太冷了，有时就喝上一口酒暖暖身子。安徒生时常从北街的格鲁伯杂货店里买一瓶酒，给妈妈送去。这也成了那些人用来飞短流长的好材料，"鞋匠的老婆玛丽亚是个酒鬼！她那个妄想成为诗人、作家的儿子还给她打酒呢！真是一对儿下贱的母子。""安徒生将来也准是个酒鬼，一个什么也干不了的废物！"——小城的西门外，有一个由十几岁的少年组成的偷窃小团体，据说安徒生的朋友彼得·容凯尔，和那个小团体有关系。由此，那些人预言安徒生迟早也会成为一个小偷。

安徒生不能上学，却能读书；不是富有子弟，却能让他的母亲自豪；他们家很穷很苦，却能充盈着一种雅致；这一切，那些人看着不舒服。似乎安徒生每天都牛马一样干活而不是读书，甚至像他们期待的那样成为一个小痞子，他们才觉得正常，心理上平衡。不止一个人劝过玛丽亚：让孩子去做工吧，也能多少挣几个钱。玛丽亚总是不肯。就是为了让失去了父亲的儿子不再受更多的委屈，她才那么拼命干活、含辛茹苦的。她也的确把一个没了男人的家，很好地支撑起来了。现在，那些人在说自己的儿子将会成为一个什么也干不了的废物，将会成为一个小偷，她忍受不了这样的恶评。"我的儿子做什么也不会比别人差，他是个从不做坏事的好孩子！"一生刚强的玛丽亚要向世人证明这一点。

安徒生进了毛纺厂，成了一名11岁的童工。

厂房肮脏低矮，窗子用破布堵着，空气中尘埃飞扬，并散发着难闻的气味。机器超常的噪音，震得人耳朵"嗡嗡"作响。工头是德国人，任意驱赶着欧登塞最底层的廉价劳力。11岁的安徒生，每天从事着超负荷的劳动。

工人中有的知道安徒生，听过他朗诵、唱歌。"安徒生，给大家唱支歌吧！"那是工间休息，工头们都去喝咖啡了。自从当了童工以后，安徒生已经很久没唱歌了。他很想唱，于是便很投入地唱了起来。歌声像清新的空气，像山间的溪流，使令人窒息的厂房，又有了蓝天白云下的氛围。只要有听众，有欣赏者，安徒生就会涌起难以抑制的艺术激情。他接着朗诵优美的诗歌，朗诵莎士比亚戏剧中著名的片断、人物对白。对于那些纯朴、善良却常年生活在社会底层的工人们来说，这是多么难得的精神享受啊！休息结束了，他们不让安徒生再干活，把他的那份活儿都分担了。他

们"养"起了一个小小艺术家。

可是，好景不长，一个德国工头夺走了这一切。那个恶棍变着法儿地侮辱安徒生，说他是个男扮女装的小丫头，媚人的小戏子。11岁的安徒生不能自卫，也无处躲避。后来，一些囚犯也被打发到厂里干活，他们用更下流的语言取笑安徒生。更可怕的是，安徒生眼看着一些和他一般大小的童工，成为那些窃贼和流氓的教唆对象。

玛丽亚不让儿子再在毛纺厂干了，她把安徒生又送进了烟厂。

在烟厂，安徒生一边包着鼻烟，一边不停地吸进空气中的烟尘，抑制不住的喷嚏，使他狼狈而又痛苦不堪。这里依然有喜欢歌声、喜欢艺术因而喜欢安徒生的工人们。"你应该去当演员！"听过安徒生悦耳的歌声、感情充沛的朗诵后，不止一个工人满怀真诚和惋惜地对安徒生说过。安徒生又何尝不是这样憧憬呢？他不止一次地梦想过：在大剧场，在气派的舞台上，面对黑压压的观众，他尽情地歌唱、表演，他甚至想，有一天，会由丹麦最优秀的演员，在最有名的剧场，表演由他编写的剧本。当童工以后，他没时间和精力把想出的戏剧整幕写出了，便把剧本的题目、主要故事情节，一个个地记下来。这事他没让妈妈知道，妈妈知道了，会收走他那个小本子的。日复一日的劳累，使安徒生瘦了许多。玛丽亚太心疼了，她只想让儿子有更多的时间睡觉。

玛丽亚注意到了，安徒生自进烟厂后不久，就开始咳嗽。原以为过几天就会好的，可一直不见轻。一天，玛丽亚手里洗着衣服，心里又想到了儿子，烟厂空气中弥漫的烟尘，剧烈的咳嗽……一个阴影罩上玛丽亚的心头：汉斯的肺就不好，莫非这孩子这一点也像他的父亲！"不能再让他干了！再干下去他会送命的！"玛丽亚再也洗不下去了，不等到晚上收工，她就跑到烟厂，把安徒生领回了家。

安徒生又去给一个油漆匠当小工……

彼得·容凯尔一直关心着他那个心怀大志的小朋友。现在，他在剧院里混得更有本事了。一次，他想办法把安徒生带到了剧场的后台。就在那里，安徒生作为一个没票的观众，有生以来第一次看了真正的剧。他是多么激动啊！接连好几天，他都沉浸在那场剧中。他观看到的，是当时著名的歌剧《多瑙河的少女》。从此，他对戏剧，对文学，对心中的梦想更痴迷了。

艺术是一个天使，它有时能在不同阶层的人心中，唤起一种共同的美好情感。一些上流社会的人士，开始注意安徒生。他们觉得，一个穷鞋匠的儿子，能够

喜欢诗歌，能够迷上莎士比亚，能够欣赏高雅的艺术，是一件很动人、很了不起的事情。大主教把安徒生请进自己的客厅，亲王的一位亲信和富有的药剂师把安徒生找到家里，听他朗诵和讲自己编的戏剧。他们无一例外地感到不可思议，并肯定了这个穷孩子的天赋、努力和成绩。那位药剂师正好和安徒生同姓，一次他对安徒生说："嘿！也许哪一天，我会因为和你同姓而感到骄傲呢！"后来，历史果真让这位喜欢开玩笑的药剂师如愿以偿了。

　　醋意再一次使小城里的某些人，发出刺鼻的酸味儿来，他们眼看着自己竭力钻营也得不到的荣耀，居然就这样让鞋匠的儿子得到了。他们阴暗的内心溢出的酸液，也染给了他们的孩子。

　　一天，安徒生走在街上，突然从巷子里窜出几个少年，把他围在了中间。"喂，公爵大人，你到哪儿去呀？""你的车夫和马车呢？公爵大人可没有这样自己走的。""不，公爵现在要当演员啦！""来呀，打这个写剧本的！"安徒生被推来搡去，身上脸上挨了躲不过来的拳头……那几个被污染了的少年，打完就一哄而散跑开了。

　　这时，一个名叫拉乌拉·焦杰尔—卢的少女，向脸颊青肿的安徒生走来，温柔地问候他。

　　"就因为你写了剧本，还想当演员吗？"

　　安徒生这时很想哭，可他忍住了。忍住了眼泪的安徒生，委屈变成了愤怒，"我一定要当演员！到皇家剧院去当演员！"

　　"你会当上的，你一定会成功的。"拉乌拉·焦杰尔—卢小姐，很认真地对满脸通红的安徒生说。她同情这个因为想当演员便遭到凌辱的男孩子。安徒生感激地看着眼前这个显贵之家的少女，点了点头。

　　"等你在皇家剧院演出的时候，我一定去看。

我姑妈家就在哥本哈根。如果你演出成功，我会献花给你的，喏，就像现在这样！"拉乌拉把背在身后的一枝白蔷薇，拿到身前，举起来，然后交到安徒生手里……

　　安徒生回到家中，第一件事就是把那枝美丽的白蔷薇，十分珍重地插进瓶子，注满清水。

白蔷薇

到哥本哈根去

天真即意味着幼稚，同时也意味着对世俗顾忌的视而不见。

幻想即做梦，而人们所见的许多真实，都曾是梦。

——作者题记

19世纪初，这个世界上还没出现电影，更没有电视。那时，观看戏剧表演，成为人们在书籍之外接触

哥本哈根街景

文学的最重要的方式。戏剧把文学在舞台上立起来，浓缩人生百态，集聚起善恶美丑、喜怒哀乐；演员在布景、道具、声乐等手段的配合下，出入于时空和各种角色，把观众的视觉、听觉、记忆、联想……都调动起来，使人置身其中，如临其境。这就难怪安徒生为什么决意要当一名演员了。单从表面看，大概没有比舞台上的戏剧更直观的文学了，也没有比演员离文学更近的人了。

在舞台上表演，可以淋漓尽致地挥洒自己的艺术激情。而且，还有不可否认的一点，那就是，当演员可以直接满足一个人的表现欲。

毫无疑问，安徒生很喜欢表现自己。无论在什么时间，什么场合，只要对方流露出想听的意愿，他就会十分卖力地唱起来，朗诵起来，讲述起来。日出月落，冬去春来，该消失的终要消失，该发生的终会发生。欣赏、称赞也好，嘲笑、揶揄也罢，反正安徒生的名声，在欧登塞小城里越来越大了。一个孩子的表现欲，还不至于被人视为浅薄。更何况，内行的人都能感觉出，安徒生读了许多文学作品，已具有了相当的文学知识；他聪慧，领悟力好，求知欲强，富于想象。大牧师就曾在安徒生受坚信礼的评语中写道："此人才艺超群，精通教义，勤奋好学，品学兼优。"

　　如果安徒生生于一个显贵之家，他早就被热闹的恭维声，众星捧月似地捧到"神童"的位置上去了。就因为他是穷鞋匠的儿子，"下等人"的儿子，他的所做、所为、所能，才被一些人视为不合身份，仿佛一个鞋匠的儿子，只应该喜欢那些穿破、待修的鞋子，只应该制造"叮叮当当"的锤打声。所幸人类并不仅由那些人组成，生活中还有许多情感健康、富有良知的人。

　　肖格·古尔登堡上校，对安徒生很有好感。为了能让安徒生得到一些切实的帮助，他决定带这个不凡的少年去见见亲王。在一个没有平等竞争机制的社会里，权力的能量便愈发神通广大。与其让亲王的权力为达官贵人谋利，还不如让它帮帮一个穷孩子！"如果亲王问你有什么愿望，你就这样回答：我想进教会学校学习。"上校这样叮嘱安徒生。他认为，这个胸怀大志、初具才华的少年，有前途无量的可能，但他首先应该接受良好的正规的教育，扎扎实实地打好基础。上校的想法很正统，无疑也颇正确。

　　亲王十分亲切地接见了他们。也许这位皇室成员，不太把出身的不同看得太重要，所以他没有表现出贵族阶层通常都有的那种优越感，以及居高临下的傲慢，他很平易。他极有兴致地听了安徒生的歌唱和朗诵，觉得这个出身贫寒的孩子很不错。

"那么，你将来想干什么？"亲王果然像古尔登堡上校预料的那样问道。

安徒生按上校事先教的，很恭敬很有礼貌地回答："殿下，上校认为我现在应该进教会学校学习，这也是我的愿望。"他犹豫了一下，还是决定说出他最想说的："可我还想当一名演员！"

进教会学校要花很多钱，穷人是负担不起的，除非得到皇家公费的资助。而皇家公费不是轻易就能落到一个人头上的，它需申请者具有不容置疑的才华和培养前途，需权威人士的推荐。在亲王看来，眼前的这个穷孩子想获此殊遇，简直是天方夜谭。至于另一点，亲王对上校说："对这个孩子，我想上校先生您是

不是过誉了？能唱歌，会朗诵，许多人都能为之，显然还不能说成是多么了不起的才华。演员么……极少是艺术家。如果这个孩子真有天赋、有才华，他日后会逐渐成熟、显露锋芒的。"他又转向安徒生，"如果你现在想有一份好一些的工作，赚钱帮助母亲负担家庭，我会为你做出安排的。我的这个承诺永远有效，你想通了可以随时来找我。"

安徒生谢绝了亲王让他当一名车工的好意，尽管如亲王所说，那是一个美差。安徒生只想一件事：当演员！

接见结束了。虽然古尔登堡上校觉得未能如愿以偿，可安徒生却不是空手而归。亲王关于才华的见解，不但未能使他泄气，反而让他更增添了信心，他觉得那些话有道理，是的，只要有天赋、有才华，日后就一定能显露锋芒！而且，这位态度平易、诚恳的亲王，消除了安徒生从前对上流社会的一些偏见。日后，安徒生不止一次地求助于上流社会的许多人士，并且确实得到了极大的帮助。

一个叫尼里斯·龚杰生的年轻鞋匠，闯入了安娜·玛丽亚的生活。这个鞋匠虽然年轻，却缺乏朝气，一副萎靡不振的样子。也许正因为如此，他才迷上了玛丽亚，迷上了这个比他大十多岁的女人。玛丽亚有着健壮

的身体，充满活力的容貌，不屈服、不气馁的性格为她的温和、善良，又平添了一种别样的气韵。龚杰生终于成了安娜·玛丽亚的丈夫。

看到一个完全陌生的男人，突然一下子取代了父亲的位置，安徒生的心情很不愉快。家，不再像从前那样使他依恋。他与继父保持着充分的距离，好像彼此互不相干。他尽可能做出无所谓的样子，为了不让妈妈伤心，他知道妈妈很难。而很多时候，他都是一个人到河边去，坐在常坐的那块石头上，唱唱歌，或呆呆地看着远方。

玛丽亚对儿子更敏感了。她努力让儿子感觉到，家和母亲仍一如从前。这使她总想把更多的爱和关心给予儿子。可是，当安徒生十分坚决地表示要当一名演员时，玛丽亚不肯妥协了。她认为，玩玩木偶、做做演剧的游戏，小时候是可以的，长大了还痴迷于此，是万万不行的。在玛丽亚所能接触到的演员中，能给她留下好印象的太少了，"我曾给剧院里的一个风骚女人洗衣服，她连钱都不给就溜走了。我怎么能让我的儿子和她们搅在一起！"

母亲的极力反对，也不能使安徒生回心转意，他还是说要当一名演员。

推波助澜的另一件事发生了。1819年夏天，哥本

哈根一些演员到欧登塞来演出。剧中的一些群众场面，需要几个临时的群众演员。这样的机会，安徒生是不会放过的。他被选中了，扮马车夫，一个连一句台词都没有的小配角。即便就是这样一个角色，安徒生也高兴得不得了，他终于第一次当演员了！上舞台了！

排练的时候，他比谁来得都早；演出之前，别的正式演员刚到，他早已穿戴停当，化好了妆。一个演员拍着他的肩膀笑着说："噢！多么热心。这么兢兢业业的小伙子，真该到哥本哈根去，进皇家剧院。"

谁也不会把这话当真，因为它分明就是一句玩笑。可是，安徒生却当真了。他心中积蓄已久的愿望，被"嘭"地一下点燃了。天真与狂热，幻想与激情，简直使他难以自制。到哥本哈根去！到皇家剧院去！安徒生心中燃起的火焰，谁也无法扑灭了。

安娜·玛丽亚天天被儿子纠缠着，哀求着。能说的都说了，但她依然无法让儿子放弃自己的念头。天啊，到哥本哈根去！那是国王陛下待的地方，大人物们待的地方。

"妈妈，我会成名的！真的，您放心好了。剧中和书里都写过，'半辈子担惊受怕，后来一举成名'，您难道不相信吗？许多人都是这样的。"安徒生把他从文学作品中看得的"苦尽甘来"之类的故事，都展示给母亲，仿佛那些作品写的就是他。

"这孩子命中的幸福之花，要到远离此处的远方去开放。"算命的女人用诗一样的语言，说出了她卜算的结论。那种职业化的神秘色彩，使她的声音带上了某种权威性。不知是她的确预感到了明天的景象，此时握住了什么玄机；还是她同情安徒生，想用这种方式帮这个孩子的忙。"我看见许多星星，还有，还有……四周一片明亮！"玛丽亚问她这是什么意思，"这当然是焰火！只有大人物出现时才喷发的焰火。而这次焰火不为别人，只为您的孩子。"

安娜·玛丽亚不再坚持了。她已尽其所能坚持过了。现在，她只能放自己的儿子走了，让他独自去闯那个一片渺茫的明天。

钱呢？哪儿来的钱做路费呢？

安徒生就像讲童话一样，从角落里掏出一个泥罐。他把罐子打碎，里边是他几年来积攒下的13元钱!

那时从欧登塞到哥本哈根的邮路，行驶的还是地地道道的邮递马车。邮递马车既传递邮件，也捎运来往的旅客。玛丽亚找到驭车的信使，向人家求情，最后商量好用3块钱作为车资。

安徒生随着邮递马车上路了。在那座丹麦王国最大的城市里，他没有一个亲人，没有一个熟人。他的口袋里，装着去除车费剩下的10元钱，还有一封信。就这些了。信是出版商、名声远播的伊泛尔生先生写的，收信人是首都著名的芭蕾舞演员沙尔夫人，她的名字正红得发紫，许多艺术界名流都是她沙龙中的常客。关于这封信的来历，安徒生自己回想起来，都觉得有些异乎寻常：他不认识伊泛尔生先生，他居然去求了伊泛尔生先生；伊泛尔生先生不认识沙尔夫人，而伊泛尔生先生居然给沙尔夫人写了信……当安徒生硬着头皮贸然而去，闯进知名人士伊泛尔生的办公室，把自己的计划、请求讲完时，伊泛尔生先生惊讶得像刚听完一个童话!"您大名鼎鼎，我相信沙尔夫人一定知道您。"老头儿被感动了，不是因为被恭维，而是安徒生异乎寻常的想法和做法。他拿起了笔，向远在首都、他根本就不认识的著名芭蕾舞演员沙尔夫人，写

信介绍安徒生。老头儿并不以为这会有什么用，他只想满足这个孩子的请求。而安徒生却相信，这封字迹刚健优美的信，一定会起作用，会使他因沙尔夫人的推荐而成为一名演员。一路上，安徒生不时地把手伸进口袋，捏捏那封信，仿佛它是一把能够打开哥本哈根城门的钥匙。

西兰岛东岸的哥本哈根，15世纪时便成为丹麦王国的首都。这座作为北欧重要交通枢纽的港口城市，迎着海风，面向大海，在绵亘的岁月中，已不知迎来、送走了多少帆影。它不会知道，19世纪初的某一天，它将看见一个年仅14岁的孩子，孤身一人风尘仆仆地奔它而来。

　　1819年9月6日，14岁的安徒生走下了邮递马车。他站在腓特烈堡山岗上，望见了一直延伸向海边的哥本哈根。

相关链接
XIANGGUAN LIANJIE

哥本哈根

哥本哈根是丹麦的首都，最大城市及最大港口。坐落于丹麦西兰岛东部，与瑞典的马尔默隔厄勒海峡相望。是北欧最大的城市，也是著名的古城。是丹麦政治、经济、文化的中心。面积为97平方公里。

哥本哈根街景

拨响的竖琴

> 命运喜欢荆棘与鲜花的比喻。因此，它总是让那两种植物相伴着生长。
>
> 既定的目标，往往会成为路标，指给追求者一个新的远方。
>
> ——作者题记

宛如一幅中世纪油画的哥本哈根市，美丽而幽静。那座灰头土脸的欧登塞小城，也许因为自愧弗如，才远远地躲到小小的菲英岛上去了。

衣不得体、貌不惊人的安徒生却来了。

当时的哥本哈根市实在说不上大，它只有不足十万的人口。但安徒生却觉得，它简直就是一个举目四望不见有岸的大海。他把自己抛进了这个大海。一切都不像他在欧登塞幻想的那样。苦涩的失望连着失望，犹如汹涌不止的波涛。安徒生在沉下又浮起的挣扎中，度过了一个又一个艰难的日子。

好心的伊泛尔生先生所写的那封信，并没有给他带来好运。去见沙尔夫人的情景，他一想起来就难受得要命……娇小、已微微发胖却依然妩媚的沙尔夫人，斜倚在软软的沙发里，慵懒而冷淡。安徒生就像一只十足的丑鸭子，可他还是竭尽所能，想给这位著名的芭蕾舞演员一个好印象。甚至为了使身体轻盈一些，他脱掉了那双半新不旧的靴子，拿药剂师送他的那顶帽子当手鼓，学剧中灰姑娘的样子歌唱、舞蹈。沙尔夫人的眼神中，先是流露出不耐烦，然后是不屑和鄙视。当安徒生一遍遍向她恳求时，她简直把他看成了一个神经出了毛病的小叫花子。

安徒生当然不会放过皇家剧院。不知经过多少周折，他终于好不容易见到了剧院的总经理，那位宫中高级侍从，仪表堂堂的霍尔斯坦先生。颇有绅士风度

的霍尔斯坦，礼貌地接待了安徒生，但拒绝了他的请求。想当演员的"演员迷"，他见得太多了。

安徒生在哥本哈根大街小巷走来走去，希望哪一天能在茫然中见到一线曙光。当古色古香的塔楼响起悠扬的钟声，故乡的寺院磨坊大街便仿佛出现在他的眼前，他正在和母亲走在通往教堂的路上……多么亲切的钟声！被敲响的钟，在任何地方都发出相同的声音。

无论安徒生如何节省，如何减少着每天送入口中的食物数量，口袋里的10块钱还是光了。

最后的几个铜板，安徒生怀着近似于悲壮的心情，拿它们买了一张戏票。他想他是为戏剧而来的，他应该把这最后的几个铜板，献给戏剧。

戏票，一片花花绿绿的纸头，让他坦然从容地走进了剧院。丝绒大幕、庄严的舞台，名为《鲍尔和维尔吉尼亚》的歌剧。剧中一对儿情人开始遇到不幸了，开始在如泣如诉的音乐伴奏中，吟唱忧伤的咏叹调。每个人都会有这样一个年龄段：分不清或者不愿分清，何为舞台上的戏剧，何为舞台下的人生。安徒生正逢这样的年纪，而且正置身于走投无路的逆境之中；他有太多的理由泪流满面地哭上一场，于是他就泪流满面地哭起来……包厢里的阔气的观众，边观赏着绝不当真的戏剧，边吃着绝对真实的美食。一位善良的太太，被流泪的安徒生感动了，她想冲淡一下这个孩子的情绪，于是便把夹肉面包和甜馅饼递过去，"孩子，我想你一定是饿了，请吃吧。"她为了不让这个为戏而流泪（她以为是这样）的孩子难为情，故意岔开，说他饿了。而这位太太想不到，安徒生此时却是真的正饥肠辘辘……

戏剧总有落幕的时候，善良的太太也不会经常出现，安徒生必须自己解决生计问题。他来到家具商马德生那里。讲好了，当徒工，管吃、管穿，但不拿工钱，签9年的合同。"小伙子9年之后出徒，你就可以自己去当老板了！"家具商不是在揶揄，他说得很当真。许多人都是这样熬成老板的。这一次，安徒

生再也不能像在亲王面前那样，说他想当一名演员了。他必须接受当一名木匠徒工的安排，因为他得吃饭，有个睡觉的地方，这样才能活下去。至于是9年还是9个月、9天，由不得他多想了。

在欧登塞，连亲王恩赐的车工美差都拒绝了，而在哥本哈根家具商的作坊里，安徒生拿起了木匠的斧子、刨子。这些劳动的工具，改变木头形状的工具，安徒生使用起来都极其笨拙。手艺人看重的是手艺、技术，手艺人对一切外行举动看不惯，是无可非议的。安徒生只能把委屈、沮丧，自己产出再自己消化掉。好在马德生先生对这个外地来的徒工很照顾，他不是那种苛刻的老板，并不要求安徒生非达到什么程度，完成多少定额。

有饭吃了，有安身之处了。夜里难以入眠的安徒生想：难道我来哥本哈根就是为了这个吗？那还不如在欧登塞当车工了。赫曼夫人就曾这样建议过，她是同车与安徒生到哥本哈根的。当花掉最后几个铜板后，安徒生曾去找过她。赫曼夫人客气地接待了他，劝他还是回到故乡去，并答应供给他一路所需的费用。不！他不能回去！回去他计划的一切便全都破产了，回去就证明，那些说他想入非非、不知天高地厚的人都是对的。理想不让他回去，面子也不让他回去。赫曼夫

人没有勉强他，而是给了他一点钱，让他先找个工作。现在他有工作了，至少是个活路；可是，这并非他一心奔哥本哈根来的目的。

安徒生在报上看到一则有关著名歌唱家西博尼的消息。又一个想法形成了：再用自己的歌喉去试试运

气。

听到安徒生要辞工，马德生先生十分惊讶，要知道，这样的差事，也不是在大街上随手都能捡到的。"是因为伙计们欺负你吗？小伙子，刚上工都这样，慢慢就会好的。"可安徒生去意已定，"马德生先生，请您别生我的气，谢谢您。"他走了。

冒昧地，甚至有些滑稽地，去找那些可能帮助他的名人和大人物，这不是第一次，也不会是最后一次。在常人看来不可能的任何事，安徒生都肯去尝试。

西博尼不是那种仅凭父母给个不错的嗓子起家的流行歌手，他是经过严格训练，知识丰富、才华横溢的艺术家，舞蹈学校的教授。经常云集在他家客厅里的，都是丹麦文学艺术界的知名人士，如著名作曲家惠斯；被誉为丹麦民族歌剧创始人的诗人贝格生；既是海员又是著名翻译家、莎士比亚作品的译者吴尔芙等等。他们同样活跃在舞台上，但不是那种轻浮卖弄的时髦尤物；他们同样活跃在文坛上，但不是那种浅薄无聊的乖巧文人。远离势利和庸俗，使他们与优秀的文化品格同在。

安徒生站在了西博尼高朋满座的客厅里。他手足无措而又激动不已，因为他毕竟得到允许，进来了。当女管家通报说，门外有个孩子纠缠着恳求见西博尼时，作曲家惠斯先开绿灯，"我想我们应该听一听，从欧登塞来的鞋匠的儿子……想当年我也是个穷光蛋，也是自己跑到哥本哈根来碰运气的。"有过坎坷经历的人，往往容易对逆境中的求索者产生同情。

还是唱歌，唱咏叹调，唱朴素的民歌。安徒生还从未在钢琴的伴奏中唱过，这使他很窘迫，因为常常配合不好。可他高亢的童中音，并未被忽略。然后是朗诵，朗诵诗，朗诵莎士比亚和荷尔堡的剧作。他不懂更多的技巧，但他理解作品，感情充沛，因而显得更真实。几位不同寻常的听众、观众，从这个衣不得体、貌不惊人的孩子身上，感觉到了某种特殊的东西。

"先生们，我敢预言，这个孩子日后一定是个人才。"诗人贝格生严肃地说道。历史将记住这位优秀诗人的敏锐和洞察力，还将记住他毫无偏见的坦诚。

对贝格生所言，先生们有着相似的同感。作曲家惠斯关心的是下一步，"他需要帮助，需要训练和学习。"

"我来教他！"热情奔放而又感情外露的西博尼当即应承，"搞点旧衣服，弄点吃的——就这样定了！"

细心周到的惠斯提议为安徒生募捐。很快，慷慨解囊的先生们，便把70块钱交到了安徒生手上。这是一笔数量可观，意义更可叹的钱。

声乐是一门复杂、深奥的艺术，也不是想唱、敢唱、有个条件较好的嗓子唱起来就能当歌唱家的。需要从最普通的乐理学起，从一个个单调枯燥的音阶练起的安徒生，此时才知道这些。比起他对文学的理解和掌握程度，他声乐上的基础知识，简直就是一片空白。可西博尼还是认真地履行了教师的职责。安徒生在西博尼家里，学习了半年之久。

皇家剧院有限度地向安徒生打开了一点儿缝。他可以不时地充当个小配角，出现在牧童合唱队和士兵合唱队的群众角色中。最辉煌的记录，是在舞剧《亚美达》中，扮演第七个侏儒；那剧的女主角不是别人，正是沙尔夫人；那剧的海报上，印有第七个侏儒扮演者的名字——安徒生。

每个人在发育的过程中，都有个变声期。安徒生在这个关键的阶段，嗓子坏了。行话叫作：嗓子倒了，失润了。

剧院理所当然地不需要他再担当合作小角色了。

作为歌唱家的西博尼，当然清楚嗓子失润意味着什么。他的努力都付之东流了。而且，他自己正处于麻烦之中，失意之中，他不能教、也无暇再管安徒生了。

安徒生绝望、恐惧……但一切都改变不了残酷的

事实：他的嗓子坏了，剧院把他解雇了。

经受过如此沉重打击的安徒生，又顽强地站了起来。他租了个廉价的住宿处，埋头沉入到书籍之中。每天，房东太太的吆喝声，一群孩子的吵闹声，房客们制造的嘈杂声，都不能分散他聚精会神地阅读。他和哥本哈根大学图书馆的纽洛普交上了朋友，朋友为他热情地提供着借书看的便利。在漫长艰难的冬季里，在经常一两天吃不上一顿饭的饥饿中，书籍给了他温暖和慰藉，给了他奋斗下去的信心与力量。文学创作，使他获得新的精神支撑。安徒生也许尚未意识到，他在"演员梦"中失去的一切，将会使他得到什么。

又有许多人向安徒生伸出了援助之手。其中的一个人，就是著名诗人古尔登堡，那位曾带安徒生去见亲王的古尔登堡上校的弟弟。他安排安徒生免费去学习拉丁文，他自己则负责教安徒生丹麦文和德文。诗人相信，安徒生迟早会明白，他为什么非让他去做这些似乎"远水不解近渴的事"。古尔登堡一边鼓励、指导安徒生读书和进行创作，一边严厉地督促他进行语言、文字方面的基本知识训练。当他发现安徒生忽略这样的学习、露出急功近利的苗头时，他甚至会抑制不住诗人的激动情绪，痛斥他，大骂他；而当安徒生写出诗歌作品，写出剧本《林中的小教堂》时，他又会仔细披阅，一首首、一幕幕地逐页给予认真的修改……

有了第一位诗人老师，就会有第二位、第三位。亚当·爱伦士雷革，接受了安徒生这位崇拜者。那年，哥本哈根一些演员去欧登塞演出的，就是他的《阿克谢里与瓦尔堡》，他的许多抒情诗，安徒生倒背如流。这位被誉为"丹麦文学的太阳"的著名剧作家、诗人，安徒生从心里热爱和崇敬。他的童话剧《阿拉丁和神灯》，安徒生不知已读过了多少遍：贫民区的小巷，贫寒的裁缝家庭，一个叫阿拉丁的赤脚少年，做着他色彩斑斓的梦——寻找传说中的神灯……一切都和安徒生的经历那样相似!文学作品巨大的艺术魅力，从来没有像现在这样浓烈地感染过安徒生。他笑自己才明白一个简单的道理：演员不过是在声情并茂地说着诗人、作家们教他们说的话；而优秀的文学作品不用演员传达，即可走进一代代人的心中。他要成为一个教演员们说话的人——贝格生、古尔登堡、爱伦士雷革那样的诗人、作家!

这本来就是安徒生的夙愿。现在，他终于确定了发展自己的正确方向。他坚定地一步步地向前走去……

安徒生进入了更自觉、更自律的创作阶段。他开

始能够发现自己习作的不足了，严肃地审视他从前写出的诗歌、剧本。卡玛·拉贝克夫人说的对，这些诗中，有太多爱仑士雷革和其他诗人的影子。这是模仿，不是创作。如果模仿也可以成为诗人、作家，那么，这个世界上的诗人、作家就会比蚂蚁还多了。这些剧本，自己的东西太少，独创性太少，许多地方与大师们的作品雷同。曾一度使他那么沾沾自喜的剧本《林中的小教堂》，现在他也不满意了，因为他从中看出了

那么多的缺憾。他不再像从前那样，一有创作冲动就匆匆执笔。

悲剧《维森堡大盗》，安徒生已构思很久了。反复地酝酿，认真地思考，连一些精彩的段落都"写"在了脑子里。他决定先不对自己的老师讲，而去告诉少年时代的好友拉乌拉·焦杰尔—卢小姐。不久前，安徒生偶然在街上逢遇了这位曾献给他一枝白蔷薇的少女，并且知道她的家族都很显贵，她正在哥本哈根的姑妈家做客。

拉乌拉小姐热情依旧地支持安徒生。她鼓励安徒生，祝他成功。

安徒生把《维森堡大盗》完成了！他兴冲冲地跑到拉乌拉小姐那里，先讲故事的梗概，然后高声地朗诵。当拉乌拉小姐拿过手稿时，安徒生难为情地说："我的字……它们太难看了。"拉乌拉小姐笑了，她不想违心地说话，那些字十分潦草，难看又难认，的确让人无法恭维。"您一定希望有人能把它誊抄一下吧？我能否为您效力？"拉乌拉小姐用明亮的眼睛看着安徒生，她心想，手稿这个样子拿出去，是不合适的。安徒生简直不敢相信所听到的话，他怔了好一会儿，才结结巴巴地说："如果能劳驾您……那就太好了。您知道，它对我是多么重要。"

　　春去秋来，第二部精心创作的悲剧《阿芙索尔》，又从安徒生的笔下诞生了。他带着手稿，去拜访彼得·吴尔芙，那位潇洒的海员，莎士比亚作品的译者，著名的翻译家。吴尔芙放下正吃着的早餐，听完了安徒生的《阿芙索尔》。当安徒生告辞的时候，他和善地微笑着，对安徒生说欢迎他再来。

　　写诗，写剧本，故事《巴尔纳托克墓地的幽灵》也完成了。读了那么多的小说，华特·司各特的，伏尔泰的，斯威夫特的，安徒生一直想试试自己这方面的才能。操练着文学的十八般武艺，安徒生要证明自己到底本事如何。

　　一个令安徒生希望幻灭的消息传来了：皇家剧院认为《维森堡大盗》这部悲剧不能上演。剧本退给作者。让皇家剧院接受自己的剧本，是安徒生做梦都想的事。哪一天才能实现这个愿望呢？

　　东方不亮西方亮，8月，《竖琴》报以赫然篇幅，发表了《维森堡大盗》的第一幕！这是一件多么令人高兴的喜事啊！兴奋异常的安徒生，第一个想到的就是白蔷薇一样美丽的拉乌拉小姐；剧本中的每一个字，都由她重新誊抄过。纯洁的友谊，无私的帮助，理解与同情，她给予安徒生的太多太多了。而他一直无以为报，也不知该如何表达他深深的谢意。可现在，他拥有了一份最恰当的礼物，一份充满诗意的礼物。安徒生抓起一张《竖琴》报，迫不及待地给拉乌拉小姐送去，把他成功的喜悦和感激之情，像当年少女向他献花一样，回赠给了拉乌拉·焦杰尔—卢小姐。

他拿到了有生以来的第一笔稿费。数目很小。可安徒生此时一点儿不把钱的多少放在心上了，尽管他的生活中是那么需要钱。他永远忘不了的是，那被他第一次拨响的《竖琴》，文学的竖琴。

← 安徒生剪纸作品

皇家公费生

> 舞台上的戏剧，舞台下的人生，本来就是相互交替的。
>
> 但是，优秀的人从来不像演戏那样对待人生。
>
> ——作者题记

美人鱼在海底宫殿里，是海王最娇宠的小女儿，美丽的海公主。然而，她却"渐渐地爱起人类了，渐渐开始盼望能够生活在他们中间。"为此，她宁愿忍受不可想象的巨大痛苦，让刀子把她的鱼尾劈成腿；她宁愿牺牲优美的声音，成为一个只能用目光传语的哑巴。甚至，她宁肯以生命作为代价，去换取一个人的灵魂。安徒生非常钟爱他的这篇题为《海的女儿》的童话。它含蕴着作家本人深刻的体验、感悟和思想之光。安徒生在他的一生中，无论身处怎样的逆境，无论逢遇怎样的挫折、失意、艰难困苦，都一直热爱生活，关怀人类。他始终相信并向人们喻示：世上的美丽多于丑恶，世上的好人多于坏人。

　　1822年9月，好人的良知再一次为安徒生唤来了幸运之神。

　　那时的丹麦皇家剧院，不仅仅是一个单纯的艺术团体，更是丹麦文学艺术界的一个权威机构。它的经理处成员，各自都是某一领域、某一学科的权威人士，具有高深的资历和造诣。除此之外，总经理霍尔斯坦还是宫中高级侍从，负责经济事务的经理古林先生身为国家顾问。拉贝克教授也许没有类似的头衔，可是我们很快就会见识到他那一言九鼎

←安徒生画像

的地位和作用。

这位曾经风华正茂的诗人，如今已是一个瘦削疲顿的小老头儿了。他衣着朴素，其貌不扬，单从外表看，谁也不会想到他是一位诗人，教授，公认的艺术巨匠和鉴赏家，皇家剧院的经理之一。在晚年的宁静中，他偶尔还到皇家剧院去，把一些无名作者的剧本手稿带回家中。尽管大家都知道，那些剧本几乎没有上演的可能，但他还是以严谨的态度认真地阅读它们。其实，这根本不是他必须做的工作，他做，完全是出于自愿。没有任何额外的报酬，他也不需要任何额外的报酬，丰厚的年薪使他过着十分优裕的生活。他从容不迫地、乐趣悠然地以这样的劳动，继续着他对文学艺术事业的虔诚和热爱。这使他优渥的晚年生活，没有任何庸腐的没落气。

金子裸呈在外、只需人俯身拾取的时候并不多。在文学史上，除极个别的天才，一鸣惊人的太少了。更多的诗人、作家，是踩着厚厚的废稿站起来的，其中不乏在日后成为里程碑、成为文学大师的人物。拉贝克先生就是怀着这样的期待，在那些无名作者的手稿中寻觅金子的。

拉贝克先生拿出今天要看的第一个剧本手稿，掀开第一页。悲剧：《阿芙索尔》；作者：安徒生。老诗人微微一笑，哦，又是安徒生。这个来自欧登塞的勤奋的小伙子，听说写了不少作品。他到哥本哈根已经几年了？有3年了吧！就在不久前，妻子卡玛·拉贝克夫人还曾说起过安徒生，说这个年轻人的诗歌越来越见灵气，很有个性，耐人寻味。妻子还说，这个年轻人几乎对所有文学样式都表现出巨大的热情，很有才华。拉贝克先生想起，大约3年前，安徒生曾向他提出过要当演员的请求，他拒绝了。当时给他印象最深的，是那个孩子心中充沛的文学激情，这无疑是很可贵的。但是，并非每个人都适于通过舞台表演来洋溢那种激情。条条大路通罗马，或许文学创作才是安徒生应选择的路径？听说，皇家剧院已经退过安徒生一个剧本了，也是一部悲剧。那个剧本他没读过，不知怎样。且看看这个吧。拉贝克读起来。

不具备舞台规则方面的知识。缺少串连人物与故事的技巧；推进情节过于匆忙，显得毛手毛脚；对白中，属于作者的而不是属于角色的情感太多；韵律、文理也有问题……可是，读着读着，拉贝克突然感到有什么东西在撞击他，来历不明，撞在何处也不明！经验告诉拉贝克，这样的感觉是十分少有的。它能使你为了要弄清那种东西是什么，来自何处，撞击了你的哪一根神经，而把注意力从原来的关注视域中悄然

移开。此时，拉贝克就在这种状态中，他严厉的目光放弃了原先可供挑剔的地方。拉贝克为了稳定一下情绪，向后倚靠在椅子上。闭目一会儿之后，他开始重新阅读，并集中精力，去捕捉那种不时出没、隐形却实在的"东西"……

拉贝克一口气看完了悲剧手稿《阿芙索尔》。他的手微微有些颤抖，把码放得已经十分整齐的手稿，又在案头上横竖墩了墩。他知道自己这是在激动。是的，激动，因为他看到了他所期待的、尚无法命名的、小精灵般神秘的闪烁。就像在浩瀚的夜空，看到某颗尚未列入星谱的新星，就像在起伏的群山，透过厚厚的岩层和泥土，看到深处金子的光芒。这位老诗人，艺

术巨匠，严刻的鉴赏家，他相信自己的经验，他的感觉还没欺骗过他，他的犀利还未遇到过穿不透的盾牌。毫无疑问，这个悲剧手稿的作者，有极高的文学天赋，不容置疑的文学才华！他的作品十分幼稚，不成熟，而早已经历过成熟的拉贝克，并不认为"成熟"是多么值得赞美的事，他甚至对"成熟"怀着恐惧！过早的成熟往往意味着终结，封闭，圆滑，既无可挑剔又无可赏誉。安徒生不是这样，他的作品毛病很多，但同时又令人不能释手；优点和缺点都很突出，都那么公然地刺激着阅读者的习惯思维，使阅读者无法平和无法无动于衷。他不懂、或者是故意不守清规戒律；可恰恰在有意或无意的我行我素中，为语言的运用和表达，提供了陌生的可能性。别人都在追求拉丁文式的典雅和深奥，而这个安徒生却在行文中，引入了那么多来自民间的鲜活语言。说实话，拉贝克读着并不习惯，因为较之已经成为正统的文饰，安徒生的那些文字显得有些粗糙。可拉贝克不是一个固守成见的学者，这使他能够公允地、不过分情感化地看那些文字。他在感到粗糙的同时，也嗅到了一种特有的活泼和清新，像野风的吹荡，像野花的芳香。

拉贝克的心中，油然生出一种辽阔感，一种难以抑制的激情！

需要写评语和签署意见了。

拉贝克毫不讳言地写下：不具备舞台规则方面的知识……缺少技巧……韵律混乱之处极多……甚至时见文法不通、语句搭配不当……

拉贝克接着郑重地写出：然而，这是个极具天赋、有着不容置疑之才华的年轻人。而后是具体的陈述和论证。而后是意见：安徒生需要接受系统规范的教育，应该助他获得进入教会学校学习的机会，并为之申请一笔皇家经费。

拉贝克深知，推荐这样一个尚未得到公众承认的年轻人，并为他申请皇家公费，是一件多么出格的事。他甚至要冒被议论、讥笑的危险。可他义无反顾地做了，并决意要为安徒生争取到这个机会。他心想：我这个深居简出、喜欢书斋生活的老头儿，不适于办这件事。它需要不但有威望，而且精力充沛、有活动能力的人来做。看来，应该亲自去和古林先生和霍尔斯坦先生面谈一次。

正在花园中忙活的卡玛·拉贝克夫人，看见丈夫也走进园圃，她很高兴，"亲爱的，你应该常出来走走，清新的空气对你有好处。""是的夫人，清新的空气对我有好处"，拉贝克脸上笑意融融，"请过来坐坐。亲爱的，我要和你说一件你会感兴趣的事……"

1922年9月3日，安徒生得到通知，让他去皇家剧院经理处。莫非是……悲剧《阿芙索尔》有了希望？可是，这个念头在安徒生头脑中，一闪就灭了。因为就在前几天，古林先生曾把他召至家中，闭口未说《阿芙索尔》，只是详细地询问了他的生活：吃在哪里？住在何处？靠什么支付费用？哪些人在资助他？用什么方式资助……安徒生不愿细谈那些生活中的困苦，那种接受别人资助甚至是施舍时的窘迫。许多人在嘲

笑他，因为他没有生活来源，却想要成为一个诗人、作家！他不是小孩子了，他已经17岁了，他无法再轻描淡写地对待体面问题，无法再像儿时那样漠视、尴尬和羞辱。他想：古林先生，不过也是一个爱挑剔的、高高在上的官员而已，一个卑微的年轻人关他什么事。当时，他几乎用一种公事公办的口吻，简洁地回答了古林先生的发问。

这一次，古林先生依然没有对悲剧《阿芙索尔》说什么好话。

"您的剧本还相当幼稚，您的文学素养和文化知识水平，也同样有待于进一步的提高。"古林先生的语调彬彬有礼，却冷淡无情。

安徒生的心完全凉了。他想：倾注给《阿芙索尔》的心血，全白费了。

古林先生仿佛根本就没注意安徒生的情绪变化，继续用平和的语调说："然而，拉贝克教授从您的作品中，发现了一些值得注意的东西，或者说，发现了某种不同寻常的天才的火花。因此我们认为，应该使您有受教育的机会。为此，剧院经理处决定为您申请一笔皇家公费。如蒙国王陛下恩准，您将得以用那笔皇家公费，进入教会学校学习。"古林先生停顿了一下，他知道这个年轻人曾想当演员，后来又迷上了创作，现在正十分痴迷，不知他能否把心思用于学习？有必要对他加以提醒。"当然，您必须承诺，一定学完全部的必修课程。请您认真考虑一下，然后答复我们。"

安徒生惊呆了！教会学校？皇家公费？这一切都给予他？父亲生前的梦想，童年时断断续续的一点儿求学时光……安徒生神情恍惚地站在那里，仿佛这是舞台上的一幕戏剧，正在演一个穷小子突然被美丽的公主爱上，牧羊的灰姑娘成了一位万民拥戴的女王……他忘了他该做什么，怎么做。

四位经理处成员在沉默中注视着安徒生。

"我、我非常吃惊，我……非常感谢。感谢你们为我做的这一切。我答应……我一定不辜负你们的期待……"

安徒生终于结结巴巴、语无伦次地说话了。他很想用更恰当、更得体的语言，来表达他受宠若惊的感激之情，但做不到。他索性闭上了嘴，向着四位先生深深地鞠了一躬。

"他表示感谢。"谈话记录上，面露欣慰之情的总经理、宫中高级侍从霍尔斯坦先生，写下这样一行字。

"我们对您做出接受的决定感到高兴，并希望您记住自己的承诺。"古林先生还是那样不动声色，一板一眼。

直到这时，拉贝克先生才站起来，说了自安徒生进来之后的第一句话，"我们衷心地祝愿您不断进步。"他说的是"我们"，不是"我"。

1822年10月，安徒生作为一名皇家公费生，赴斯拉格尔塞，进入众人瞩目的教会学校学习。

1828年10月，安徒生完成所有必修课程，并通过了毕业暨入学考试，进入丹麦王国最高学府——哥本哈根大学学习。

若干年后，安徒生成为一位蜚声世界的作家，名垂文学史册的童话之王。公允的人们都会承认，初期的教会学校，后来的哥本哈根大学，无疑在汉斯·克里斯蒂安·安徒生的成长历程中，起到了难以估量的巨大作用。

丹麦能够设置那样一笔皇家公费，丹麦能够哺育那样一些知识分子，丹麦就理当不断强盛繁荣。那笔皇家公费，上自公卿贵族，下至百姓庶民，只要可堪造就值得培养，居然都有得以享用的权力和机会。那些知识分子，恪守职业道德，崇高敬业精神，有渊博的知识学问，有独特的见地和慧眼，更有操守，有品格和人类的良知。这样的祖国，该让安徒生如何不热爱！1848年丹麦和德国交恶，一些狭隘的人们指责反对战争的安徒生不爱国，心潮起伏的安徒生，写下了著名抒情诗《丹麦，我的祖国！》作答。直到近百年后的第二次世界大战时，这首谱成歌曲的抒情诗，依然传唱在整个丹麦，在丹麦被德国法西斯占领的苦难岁月里，它以自豪和希望，给了千千万万的丹麦人民以温暖和力量。

←巨石上的美人鱼

在路上

对于心系远方的追求者来说，他们抵达的每一个目的地，都是小憩的驿站，重新出发的地方。

追求者永远在路上。

——作者题记

一列山脉起伏在哪里，那个地方很自然地就会有林中的小木屋，伐木人、樵夫和采药人。一条大河流淌在哪里，那个地方也便因此有了橹声与帆影，渡口和渔歌。一个像安徒生那样的人，会给他曾经生活过的地方留下些什么呢？

不知从哪一天起，欧登塞小城仿佛一如既往的生活中悄悄地有了一些异容。那是一种几乎使人不能感觉到的变化。它不像新立起几幢大楼那样醒目、赫然，却像血液的更新一样微妙而内在。大人们脸上若有所思的神情，不再显得多么滑稽了。孩子们的想入非非，不再经常地遭到呵斥或迎头痛击。

"你也想飞上天堂？那就先长出天使的翅膀吧！"

"你看鞋匠的老婆玛丽亚的儿子！"

"你要也能像鞋匠的儿子一样，一切就会都好了……"

关于"鞋匠的老婆玛丽亚的儿子"，大人们不知讲过多少次，小孩子们不知听过多少次了。在亲历者的记忆中，在聆听者的印象里，最鲜活、最刺激人的当然是那一幕——

某一年的夏天，欧登塞迎回了放暑假的安徒生。当他拜访过济贫院里的老约翰妮大娘，古尔登堡上校，布凯弗洛家的两位可爱的老太太之后，无论是寺院磨坊大街的贫民区，还是小楼花园点缀着的贵族区，便都有了一个共同关心和谈论的话题，其余的一切都因

为安徒生而黯然失色了。"……在教会学校上学!""那可是皇家公费呀!皇家公费,你懂吗?""听说都是大人物做他的监护人。他是那些豪华之家中的座上宾呢……"当傍晚的宁静在夕阳的余晖中降临时,安徒生挽着慈祥的母亲散步在街上,安娜·玛丽亚已经苍老而驼背,可骄傲和自豪却使她的脸上露出少女般的微笑和光彩。临街的窗子悄然推开,室内的目光投到街上——"啊,多么幸福的玛丽亚!""要是鞋匠汉斯还活着,他准会乐得跳起来,把修鞋的锤子抛到星星上去!"

在没有什么向往、很容易满足的人们看来,进了教会学校,日后就什么都有了:体面的身份,稳定的工作,丰裕的生活……难道这还不够吗?除此之外还求什么呢!可是,不论这种想法显得多么合理,多么务实,多么无可指责,但它不适用于安徒生。时常给安徒生写信、也常能收到安徒生来信的古尔登堡上校知道,这么多年来,那个从欧登塞走出去的少年,那个永远心怀梦想的安徒生,一直在路上。他不懈地跋涉着,执拗地追求着,从一个目标向着又一个新的目标。也许只有安徒生自己才能记得,他承受了多少雨雪冰霜,经历了多少坎坷和泥泞……

　　记得刚进教会学校时，他的同学都是一些十二三岁的孩子，而他已经17岁了，瘦高的个子矗立在一群孩子中间，真可谓"鹤立鸡群"！安徒生虽然一向喜欢和追求出类拔萃、被人注意，可这种"鹤立鸡群"的感觉却太叫人难受了。他怎么能不被嘲弄、取笑？可是还远不止这些。他对几何学几乎一窍不通；他站在地图前找不到丹麦所处的地理位置；他的拉丁文也跟不上，（还多亏诗人古尔登堡安排他学过一阵子！）那些从小受到良好教育的小孩子们，一开始都可以当他的老师教他。甚至，他的母语——丹麦语，他也时常出现不应有的错误。要知道，这是一所高水准、高要求的中学，而安徒生只断断续续地读过不足三年的小学！他从未受过良好的正规教育。可校长梅斯林不管这些，他把鄙视的目光和尖刻的讽刺，无情地掷向安徒生。巨大的压力山一样压向安徒生。他必须把昨天的一切"债务"都承担下来，一一还清；他必须补上许许多多的基础知识，赶上正在前行的小同学们。

　　夜以继日，废寝忘食，安徒生一分一秒都不懈怠地追赶着。他要对得起拉贝克先生，古林先生，对待起那些好人为他所做的努力。他承诺过，要完成教会学校的所有必修课程，他要说话算数，他要对自己的承诺负责。时光开始回报他了：安徒生不但成了一名合格的学生，而且经常成绩优异。小同学们也开始接受他、喜欢他了：这个"傻大个儿"新同学，不但勤奋刻苦，而且善良忠厚，从来不打小报告什么的；他真诚坦率，不说假话也不会耍心眼儿；他有那么坎坷丰富的生活经历，读过那么多的书，会讲那么多的民间故事、神话传说……尽管心态古怪、怀着成见的梅斯林校长，还那样训斥他、污辱他，但安徒生不以为意了。

安徒生利用教会学校优越的条件，研读了大量的文学作品和其他社会学科的经典著作。为了加强自己对拉丁文和希腊文的学习和掌握，他用那两种文字来记资料。哲学、历史、美学各个领域，安徒生都带着

安徒生剪纸作品（1850年）

强烈的求知欲去进入。同时，他把一切可以利用的时间都利用起来，进行文学创作。对于他的这种"不务正业"，梅斯林校长不知劈头盖脸地斥骂过他多少次，"多愁善感的废物！""胡乱涂鸦的白痴、疯子！"安徒生在梅斯林校长的咆哮中默默不语，我行我素。古林先生，吴尔芙夫人，卡玛·拉贝克夫人，听说安徒生为创作耗去了许多时间和精力，也十分担忧。古林先生认为，知识的系统掌握和学问基础的稳固，对一个想有长足发展的人来说是至关重要的，玩忽不得；吴尔芙夫人也喜欢诗歌、小说，可她觉得那毕竟没有拉丁文重要，能用典雅的拉丁文阐述见解和思想，那才是一个人有学问的标志。他们或面谈或用书信，反复规劝安徒生。

安徒生对任何善意的关心都充满着感激，而不论那种关心是否对自己的胃口。他认真、理智地思考和对待那些劝诫。显然，古林先生是正确的。安徒生想起诗人古尔登堡，如果不是那位师长富有远见地让他学过一阵拉丁文等，他很可能会在入中学后一败涂地。吴尔芙夫人的想法虽然受着时尚的影响，但也不是没有道理，一个人不能完全漠视当下时尚的要求，不能我行我素得过分。而且，安徒生必须严肃地对待一个问题：他能否在6年的中学读完之后考入大学。他知道，这也正是古林先生等许多关心他的人最担忧的。

学业他必须搞好，而文学他更不能放弃。混个文凭再去混日子，那太没出息了！对安徒生来说，文学和课程，没有谁轻谁重之分，两项都同等重要。他的创作在悄寂无声中长进着……有一次，在吴尔芙先生家里，著名的翻译家兴致勃勃地向宾客们推荐两首诗：《傍晚》和《垂死的孩子》。诗发表在《快报》上，署名为"H"。吴尔芙朗诵完《傍晚》之后，禁不住大发感慨，"多么优美的诗啊！诸位，难道你们会怀疑这是独创的范例、天才的作品吗？"当他的女儿伊爱达说出，那个"H"就是安徒生用的笔名时，惊诧的表情出现在每个人的脸上。《傍晚》，一次长途旅行中大自然给予的灵感。《垂死的孩子》，则是安徒生对儿时那

场大病的回忆。它们都是安徒生在接触了海涅等诗人的作品以后，有想法、有追求的创作成果。学业呢？1828年10月23日，包括拉丁文作文、拉丁文口试在内的各项考试科目，安徒生一一通过！校方把典雅华贵、富丽堂皇的证书，交到了安徒生手中，捧着它，安徒生激动不已！它既是6年教会中学正式毕业的凭证，又是已被哥本哈根大学正式录取的入学通知。证书上的一个地方，安徒生注视了许久：那里是系主任、他

→现今仅存的安徒生布片拼贴作品，显示他高超的针线功夫。

崇拜的爱仑士雷革的签名。

教会学校读完了，皇家公费也就随之停止了。凭有限的奖学金和别人的资助，安徒生又开始了他清苦的大学生生活。他住在一个小阁楼上，经常啃着干面包，都自得其乐。功课，创作，阅读，思考……为了写一部关于丹麦国王卡尔里克二世的历史小说，安徒生在他的小阁楼里，翻阅了大量的历史典籍，研究16世纪丹麦人的风俗习惯、宗教语言、饮食服饰，写笔记，做摘要。当朋友们吃力地爬上他的小阁楼时，无不为之感动。是的，安徒生不想仅仅混个大学文凭，他渴望更丰富的学识，更充实的人生。按规定，安徒生已经通过了两次大学的学业考试，他完全可以谋个律师、牧师之类的好职业，去过轻松的日子了。体面的身份，稳定的工作，丰裕的生活——一切都唾手可得。安徒生却非要"苦"着自己，全身心地投入到创作之中。朋友们发现，安徒生的小桌上，手稿经常堆得像小山一样……

《阿马格岛游记》几经波折，终于出版了！这部充满想象和奇思的浪漫主义作品，受到读者的热烈欢迎，一些大学生因它而把安徒生推为青年作家中"最亮的星"；评论界也著文，称作者有非凡的才华；古尔登堡上校寄来热情洋溢的贺信。

诗集在编排中，童话、长篇小说在创作中。这时，他的歌舞喜剧《尼古拉耶夫塔上的爱情》，攻下了皇家剧院这座高垒，在舞台上与观众见面了！当首演结束的时候，观众用长时间的掌声，承认了安徒生。

安徒生没有陶醉在成功中自爱不已。对他来说，抵达了的每个目的地，都是他小憩片刻的驿站，他在那里换上快捷的飞马，又重新出发了。

那些历史的遗迹，那些掩埋着先人们痛苦和欢乐的土地，那些陌生的人们生息繁衍的地方，磁一样吸引着安徒生。揣着节省下来的稿费，揣着古林先生写给各地的介绍信，安徒生登上轮船驶向大海，去考察丹麦最大的岛屿——日德兰半岛。朴实的农民、粗犷的牧人、年迈的历史学家、小旅店里的女佣、捉蝴蝶的小姑娘……安徒生在各阶层人中，都找到了知音和朋友。在那片丹麦与德国接壤的土地上，安徒生举目南望，他仿佛望到了伫立海边的亨利希·海涅，望到了这位大诗人笔下的哈尔茨山脉。还有英国、法国、意大利……那些国家里，尚健在着许多他心仪已久的作家：狄更斯、雨果、巴尔扎克、曼佐尼……他们和他一样，不是百万富翁，不是高官政要，可世界正因为有了这样的人们，才没有使俗气大雾一样弥漫；人类正因为有了这样的耕耘者，才始终拥有着自己的精神家园。大海不歇的波涛，拍击着世界上所有的大陆，那些地方生活着许许多多的大人和孩子，安徒生心中的竖琴，要永远为他们歌唱……

爱神丘比特像缪斯之神一样，也想垂顾安徒生。可是，这个古罗马神话中身带双翼的小男孩，总是斗不过强大的世俗力量，因而一直帮不上安徒生的忙。安徒生失恋了一次又一次。先是大学时的好友沃依特

安徒生的剪纸作品充满了现代感

的妹妹莉葆，她使安徒生爱上了自己，又抽身而去了。这位美丽的姑娘不是不爱安徒生，但她抗拒不了强大的压力：你想和他住在小阁楼上吗？你想与他一起啃干面包吗？他没有稳定而体面的工作，没有祖上留下的财产，没有攒下的大笔的钱……然后是古林先生的女儿露易莎。虽然古林先生多年来一直像父亲一样关怀、呵护着安徒生，虽然安徒生已有了名声、有了成就，可古林家族的成员，还是不能让露易莎投入安徒生的怀抱。名声不是明确的社会地位，成就也不能意味着无可怀疑的锦绣前程。当然，还有无需明说的门第障碍。就在露易莎春心摇曳、犹豫不决的时候，家里人为她举起了订婚典礼。当然不是与诗人、作家安徒生，而是与前程远大的年轻律师林德。丘比特的金箭，总是射中安徒生自己，让他独自痛苦、忧伤、心碎。然后，安徒生再自己顽强地站起来，走进风风雨雨，继续他春华秋实的人生。

诗集《幻想和速写》《旅行剪影》出版了。

第一部长篇小说《即兴诗人》出版了。

萦怀久久、潜心创作的童话《讲给孩子们听的故事》第一册出版了。顶着浅薄者的曲解、讥评，一部又一部的童话集相继问世……

安徒生最著名的一张剪纸

与世界握手

只要你是天鹅，就是生在养禽场里也没有什么关系。

——安徒生《丑小鸭》

你忍受过痛苦；你坚持下去了；你已经超生到精灵的世界里来了。

——安徒生《海的女儿》

自恃出身高贵的人，心怀嫉妒的人，眼看一个来自欧登塞的鞋匠的儿子登堂入室，已经很不舒服了。偏偏安徒生又不能表现得谦恭一些，低眉顺眼一点儿。

天性率真、没有城府的安徒生，似乎永远也学不会如何圆滑世故。他崇拜、尊敬许多优秀的文学家，无论是已经作古的还是仍然健在的，远在天边的还是近在眼前的，但他从不阿谀奉承，也不懂得应该依附个团体、流派什么的，让它做自己的啦啦队或保护伞。他知道文学之外的功夫以及蝇营狗苟的行为很厉害，往往猎名得名猎利，得利且能翻云覆雨，但他却不知道，对其不屑可以，对其投去鄙夷的目光就会惹麻烦。

他甚至学不会如何藏而不露，如何在谈文学见解时不得罪人。人家在那里玩贵族式的高高在上，玩嘲笑别人的游戏，他说"爱和同情，这是每个人心里应该最具备的情感"；人家在作品里骄矜、造作却自鸣得意，他说"越朴素越好！作品的内容、诗人的感情和思想，这才是重要的"；人家卖弄机智、讽诮拨弄，像百无聊赖的贵妇人不懂装懂地评头品足，他写题为《饶舌的女人》的诗，败人家的谈兴。其实，安徒生并不是有

意让谁难堪，他没那种嗜好。只是他对不把别人当人、偏见歧视、自命不凡、虚伪造作、装腔作势，怀着一种本能的厌恶。他又做不到喜怒不形于色，而总是喜怒必形于色，就像写《皇帝的新装》那样，非要让那个光着身子的丑陋皇帝，暴露在光天化日之下，众目睽睽之中。"皇帝"们可不是好惹的，一首匿名诗发出来了，藏头藏脚却刻毒毕现——

　　　骑着一匹既瘦且跛的毛驴

　　　安徒生奋力驰骋

　　　变酸的幻想的酒啊

　　　他的诗篇就在其中发酵、诞生

　　在古希腊传说中，有一座赫利孔山，那是诗神缪斯的居所；有一匹背生双翼的神马，它在赫利孔山顶踏出一眼清泉，那是诗人的灵感之源。（古时的欧洲人们把所有的文学家统称为"诗人"。）那首很有"学问"的诗，说的是安徒生骑不着会飞的神马，只能骑一匹瘦弱的瘸驴；喝不着灵感的泉水，只能喝变酸的酒。如此安徒生，也配叫诗人？

　　藏头藏脚的匿名者不久就露了出来：他叫赫兹，又活跃又吃得开，刚刚写出几部时髦的剧本，正在走红。他的诽谤为许多人出了气，立即赢得喝彩声——
"说到底，他不过是个贫民区里穷鞋匠的儿子！""一个
骑着跛驴的家伙，居然也要去摘诗人的桂冠！""昨天
还是个连语法都不通的中学生，如今也配高谈阔论？"

任何中伤、诽谤、侮辱，对不老成、易激动的安
徒生，都可以构成沉重的打击。安徒生茫然无措，沮
丧而又伤感。是的，他的确曾是个连语法也不通的中
学生，17岁时，才好不容易得到受正规教育的机会；

安徒生博物馆

他的确一直渴望着诗人的桂冠，从小就不合时宜、不合身份地心怀许多梦想；他的确来自贫民区，是一个穷鞋匠的儿子，为此，每前行一步，他都要比别人吞下更多的苦涩和辛酸，付出更大更艰难的努力。他没有高贵的家族徽章，正如英国诗人拜伦诗中所写的：

家族不能使他荣誉，是他给家族以自豪！自豪的又岂止是一个家族？而是整个民族，整个丹麦。

长篇小说《即兴诗人》出版不久，就被译成德文和英文。接着，第二部长篇小说《欧·多》、第三部长篇小说《只不过是一个提琴手》也相继出版。欧洲大陆的许多作家知道丹麦出了个安徒生。德国浪漫主义的代表作家阿德贝尔特·封·沙米索特意致信安徒生，对他的作品大加赞赏。

戏剧《穆拉托》不但受到丹麦观众的热烈欢迎，而且也轰动了瑞典斯德哥尔摩的舞台。

一部又一部的童话集走出国门。丑小鸭、美人鱼、红舞鞋、拇指姑娘、豌豆上的公主、坚定的锡兵、皇帝的新装……这些安徒生童话中的艺术形象，渐已成为欧洲语言中的典故。

《穆拉托》描写的是被压迫的黑奴、混血儿与白人农奴主的傲慢和残暴斗争的故事，取材于法国女作家莱波的中篇小说《奴隶》。这本来是众所周知、十分正常的事，但别有用心者却给报社写匿名信，要求用丹麦文翻译、发表《奴隶》的全文，以证明安徒生是靠别人获取荣誉。

安徒生收到一份请柬，邀请他进宫参加舞会。可主事的霍涅曼教授，却居心叵测地提出这样的问题：

让一个鞋匠的儿子爬入上流社会，是否合适？一时间，幸灾乐祸般的"喳喳"声，又鹊起在政客和无聊文人们的沙龙里……

面对这么多的卑鄙、龌龊，安徒生有些喘不过气来。太令人压抑、沮丧了。

1833年，丹麦国王在批给赫兹等人旅行津贴时，也考虑到了安徒生。尽管安徒生得到的数目远比赫兹少，但对没有奢侈习惯的他来说，也足够出去走一趟了。在丹麦以外的国家里，安徒生处处受到热情友好的礼遇。在法国，他见到了心仪已久的德国大诗人亨利希·海涅。为逃避普鲁士警察的迫害，海涅几年前就亡命到巴黎。在"文学欧罗巴"协会举办的一次晚

皇帝的新装，周围的图画都是安徒生自己的粘贴作品。

会上，个子不高却魅力十足的海涅走向安徒生，"我早就知道您了，让我们握握手吧！"当安徒生要告别巴黎前往意大利时，送行的海涅对安徒生说："请您能随时给我写信，好让我知道您在哪里、干什么。为了我能看得懂，就请您用德语写吧。"安徒生每每回想起来，都会感到涌遍身心的温暖。自1838年起，安徒生获得了一份年金，加之越来越可观的版税、稿费收入，他不再是一个穷光蛋了。既然不必再为旅费而发愁，何不重新开始旅行生活，到外面的世界去换换空气？

百感交集的朋友们，再一次目送安徒生登上远航的轮船。安徒生挥手向朋友们告别，汽笛响了……射向安徒生的明枪暗箭失去了目标。聒噪声停止了。耳根获得了清净的丹麦文坛，这时听到了来自卡特加特海峡那边的正义之声，瑞典一家报纸撰文："我们清楚地知道，在我们邻国的首都，有一帮嫉妒成性之徒正在摇舌鼓噪，大肆攻击一位最值得尊敬的丹麦的儿子。现在，这种鼓噪声该销声匿迹了——整个欧洲把自己的砝码放在他的一端，而整个欧洲的见解任何时候都是不应该被轻视的。"

相当多的文人，都善于买通报纸、杂志，让一些鄙俗的记者、评论家来吹捧自己。是不是又可以为安徒生罗织一点什么类似的"花边新闻"了？可惜，这

时的安徒生不在瑞典，他在万里蓝天下的大海上……

自1833~1873年，40年中，安徒生的许多时光是在旅行中度过的。他先后访问了挪威、瑞典、德国、法国、英国、西班牙、葡萄牙、意大利、希腊、土耳其和非洲。他在旅途上走着，生活着，思考着，创作着。小说、诗歌、戏剧、童话、游记等各种体裁的文学作品，不断从安徒生笔下诞生：《亚格涅特和水神》《即兴诗人》《穆拉托》《没有画的画册》《新的童话》《两位男爵夫人》《瑞典风光》《西班牙纪行》《访问葡萄牙》《柳树下的梦》《活着还是不活》《依卜和小克丽丝玎》《幸远的贝儿》……许多在全世界享有巨大声望的作家、艺术家，握住了这位最值得尊敬的丹麦的儿子的手，成为他亲密的朋友。

在法国，风流倜傥的大仲马和著名悲剧女演员拉舍尔·艾丽莎，都对这位丹麦作家充满敬意，多次邀请安徒生去做客。《巴黎圣母院》的作者维克多·雨果，特意送票给安徒生，拉他一起去观看自己正上演的戏剧《城堡司令》。当观众席中发出不礼貌的嘘声时，雨果笑着对安徒生说："想不到我也会被喝倒彩吧？"精力充沛、喜欢交往的巴尔扎克，对安徒生更是一见如故。他把安徒生带到崇拜他们的沙龙。当大谈文学的贵妇人向安徒生献殷勤时，他躲在贵妇人的后面偷偷地向安徒生挤眼睛、做鬼脸，似乎在对安徒生说：看，这就是你写的《饶舌的女人》！几天之后，安徒生在巴黎大街上漫步，突然看见一个似曾相识的身影，那是个衣冠不整、邋邋遢遢倒的流浪汉。流浪汉走向安徒生，皱巴巴的帽子下垂着一缕头发，露出一双炯炯有神、棕色的眼睛，对着安徒生狡黠地微笑着，

就在安徒生认出他是谁了时，流浪汉赶忙摆一下手，又很快消失在人群中。他就是巴尔扎克！他在体验、观察下层社会的生活。名声赫赫的巴尔扎克，为了不被人注意，所以弄出这样一副打扮。法国的作家们，把安徒生当作自己的老朋友一样对待。也就是在那里，安徒生与海涅再次相见。这一次，海涅对安徒生的童话表示出极大的兴趣，给予了极高的评价。这在许多人还对童话怀有偏见的当时，无疑是难能可贵的。分别之时，海涅专门写了一首题为《生命的航行》的诗，赠给安徒生。

在德国，王公贵族们争相宴请安徒生，并恳求他朗诵"一篇哪怕是短短的童话"，以示他给予他们的荣幸。莱比锡的出版商洛克，积极地筹划着出版安徒生的作品集。而安徒生最感到愉快的，却是与德国作家、艺术家们的友谊。著名作曲家舒曼和门德尔松，和安徒生也成了知音。诗、童话、音乐，把不同国度的他们融合在一起。舒曼还把安徒生的诗谱写成抒情歌曲，并亲自在音乐会上演唱。

在英国，安徒生的心情特别激动，因为这是他自小崇拜的莎士比亚的祖国！从布凯弗洛老太太手中接过莎士比亚著作的情景，在欧登塞贫民区中苦读、梦想的日子，一幕幕地浮现在眼前。他终于如愿以偿地来到了莎士比亚、司各特的故乡，踏上了他们当年走过的土地。文化名城伦敦向安徒生张开了热烈欢迎的双臂，摄影家为他摄影，美术家为他画像，出版社向他预支高额的稿酬，拜访、宴请不断，维多利亚女王也要接见他……安徒生与狄更斯见面了。两位有着类似身世经历的作家，都对平凡、朴素的劳动者怀着真

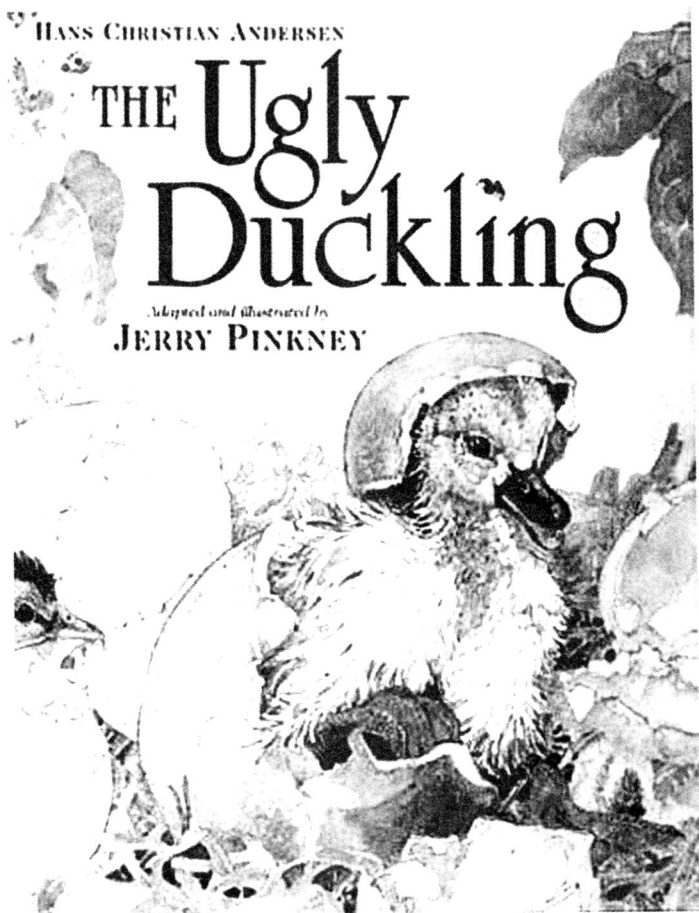

HANS CHRISTIAN ANDERSEN

THE Ugly Duckling

Adapted and illustrated by
JERRY PINKNEY

←著名的《丑小鸭》封面

挚的热爱，对生活在社会底层的"小人物"怀着深刻的同情。更多的共同语言，使他们结下了更深的情谊。分手多年之后，在安徒生新的童话集问世时，狄更斯还不忘写信去，向他祝贺。也就是在这个经常大雾迷蒙的都市，安徒生又遇到了"瑞典的夜莺"——著名女歌唱家燕妮·林德。十多年前，燕妮·林德作为一个初出茅庐的歌手来到哥本哈根，她与安徒生相识了。由相识到相知，他们结下了日后的长久的友谊。这位被誉为"瑞典的夜莺"的女歌唱家，是安徒生一生中为之倾心的最后一位女性。只有友谊，没有爱情。重见使安徒生幸福而又伤感。

在西班牙、葡萄牙，在意大利、希腊、土耳其，作家朋友们和热情的读者，把春雨般密集而温馨的关切洒向了安徒生，使他被包围在友谊的海洋之中……从美国归来的挪威著名小提琴家奥列·布莱，为安徒生带回了美洲大陆同行们对他的敬意和问候……荣誉和欢呼海浪般源源不断地涌向安徒生。

国内、国外向他颁发各种勋章，为他举行各种庆祝会，授予他各种荣誉称号，雪片般飞来的赞颂文章，多种文字一版再版的安徒生文集，要为他建造纪念碑的消息……

而此时的安徒生，却是那么平静，脸上没有人们期待的欣喜之情。他眼前不时出现的，倒是一枝摇曳的白蔷薇，在他最艰难、最困苦时，为他献上的那朵花。

岁月终于使安徒生成了一位老人。当他在哥本哈根大街上漫步的时候，时常会有行人停下来，微笑着向他致意，或深情地目送他缓缓地远去。他们之中的许多人，就是读着他的童话长大的。他们崇敬这位走过了坎坷的人生之旅，为丹麦赢得了自豪和骄傲的老人。

1857年8月4日，安徒生在友人的别墅"憩园"中与世长辞。他终生未婚，没有家室，没有子嗣。守在他身边的，是他的朋友梅尔基奥尔。丹麦以隆重的国葬的仪式，送走了它的儿子。

1954年，国际儿童少年图书协会（简称IBBY）在瑞士苏黎世开会，决定设立以安徒生名字命名的世界儿童文学大奖——国际安徒生奖，以表彰那些在为孩子们写书作画的事业中做出重大贡献的人们。

卖火柴的小女孩

　　天冷极了，下着雪，又快黑了。这是一年的最后一天——除夕。在这又冷又黑的晚上，一个没戴帽子、没戴手套、也没穿鞋子的小女孩，在街上缓缓地走着。她从家里出来的时候还穿着一双拖鞋，但是有什么用呢？那是一双很大的拖鞋——那么大，一向是她妈妈穿的。她穿过马路的时候，两辆马车飞快地冲过来，吓得她把鞋都跑掉了。一只怎么也找不着，另一只叫一个男孩捡起来拿着跑了。他说，将来他有了孩子可以拿它当摇篮。

　　小女孩只好赤着脚走，一双小脚冻得红一块青一块的。她的旧围裙里兜着许多火柴，手里还拿着一把。这一整天，谁也没买过她一根火柴，谁也没给过她一个钱。

　　可怜的小女孩！她又冷又饿，哆哆嗦嗦地向前走。雪花落在她的金黄的长头发上，那头发打成卷儿披在肩上，看上去很美丽，不过她没注意这些。每个窗子里都透出灯光来，街上飘着一股烤鹅的香味，因为这是平安夜——她可忘不了这个。

她在一座房子的墙角里坐下来，蜷着腿缩成一团。她觉得更冷了。她不敢回家，因为她没卖掉一根火柴，没挣到一个钱，爸爸一定会打她的。再说，家里跟街上一样冷。他们头上只有个房顶，虽然最大的裂缝已经用草和破布堵住了，风还是可以灌进来。

她的一双小手几乎冻僵了。啊，哪怕一根小小的火柴，对她也是有好处的！她敢从一大把火柴里抽出一小根，在墙上擦燃了，来暖和暖和自己的小手吗？她终于抽出了一根。哧！火柴燃起来了，冒出火焰来了！她把小手拢在火焰上。多么温暖多么明亮的火焰啊，简直像一支小小的蜡烛。这是一道奇异的火光！小女孩觉得自己好像坐在一个大火炉前面，火炉装着闪亮的铜脚和铜把手，烧得旺旺的，暖烘烘的，多么舒服啊！哎，这是怎么回事呢？她刚把脚伸出去，想让脚也暖和一下，火柴灭了，火炉不见了。她坐在那儿，手里只有一根烧过了的火柴梗。

她又擦了一根。火柴燃起来了，发出亮光来了。亮光落在墙上，那儿忽然变得像薄纱那么透明，她

可以一直看到屋里。桌上铺着雪白的台布，摆着精致的盘子和碗，肚子里填满了苹果和梅子的烤鹅正冒着香气。更妙的是这只鹅从盘子里跳下来，背上插着刀和叉，摇摇摆摆地在地板上走着，一直向这个穷苦的小女孩走来。这时候，火柴又灭了，她面前只有一堵又厚又冷的墙。

她又擦着了一根火柴。这一回，她坐在美丽的圣诞树下。这棵圣诞树，比她去年圣诞节透过富商家的玻璃门看到的还要大，还要美。翠绿的树枝上点着几千支明晃晃的蜡烛，许多幅美丽的彩色画片，跟挂在商店橱窗里的一个样，在向她眨眼睛。小女孩向画片伸出手去。这时候，火柴又灭了。只见圣诞树上的烛光越升越高，最后成了在天空中闪烁的星星。有一颗星星落下来了，在天空中划出了一道细长的红光。

"有一个什么人快要死了。"小女孩说。唯一疼她的奶奶活着的时候告诉过她：一颗星星落下来，就有一个灵魂要到上帝那儿去了。

她在墙上又擦着了一根火柴。这一回，火柴把周围全照亮了。奶奶出现在亮光里，是那么温和，那么慈爱。

　　"奶奶！"小女孩叫起来，"啊！请把我带走吧！我知道，火柴一灭，您就会不见的，像那暖和的火炉，喷香的烤鹅，美丽的圣诞树一个样，就会不见的！"

　　她赶紧擦着了一大把火柴，要把奶奶留住。一大把火柴发出强烈的光，照得跟白天一样明亮！奶奶从来没有像现在这样高大，这样美丽。她把小女孩抱起来，搂在怀里。她们俩在光明和快乐中飞走了，越飞越高，飞到那没有寒冷，没有饥饿，也没有痛苦的地方去了。

　　第二天清晨，这个小女孩坐在墙角里，两腮通红，嘴上带着微笑。她死了，在旧年的大年夜冻死了。新年的太阳升起来了，照在她小小的尸体上。小女孩坐在那儿，手里还捏着一把烧过了的火柴梗。

　　"她想给自己暖和一下……"人们说。谁也不知道她曾经看到过多么美丽的东西，她曾经多么幸福，跟着她奶奶一起走向新年的幸福中去。